興味の尽きることのない漢字学習

漢字文化圏の人々だけではなく、
世界中に日本語研究をしている人が数多くいます。
漢字かなまじり文は、独特の形を持ちながら
伝統ある日本文化を支え、
伝達と文化発展の基礎となってきました。
その根幹は漢字。
一字一字を調べていくと、
その奥深さに心打たれ、興味がわいてきます。
漢字は、生涯かけての
勉強の相手となるのではないでしょうか。

「漢検」級別 主な出題内容

10級 …対象漢字数 80字
漢字の読み／漢字の書取／筆順・画数

9級 …対象漢字数 240字
漢字の読み／漢字の書取／筆順・画数

8級 …対象漢字数 440字
漢字の読み／漢字の書取／部首・部首名／筆順・画数／送り仮名／対義語／同じ漢字の読み

7級 …対象漢字数 642字
漢字の読み／漢字の書取／部首・部首名／筆順・画数／送り仮名／対義語／同音異字／三字熟語

6級 …対象漢字数 835字
漢字の読み／漢字の書取／部首・部首名／筆順・画数／送り仮名／対義語・類義語／同音・同訓異字／三字熟語／熟語の構成

5級 …対象漢字数 1026字
漢字の読み／漢字の書取／部首・部首名／筆順・画数／送り仮名／対義語・類義語／同音・同訓異字／誤字訂正／四字熟語／熟語の構成

4級 …対象漢字数 1339字
漢字の読み／漢字の書取／部首・部首名／送り仮名／対義語・類義語／同音・同訓異字／誤字訂正／四字熟語／熟語の構成

3級 …対象漢字数 1623字
漢字の読み／漢字の書取／部首・部首名／送り仮名／対義語・類義語／同音・同訓異字／誤字訂正／四字熟語／熟語の構成

準2級 …対象漢字数 1951字
漢字の読み／漢字の書取／部首・部首名／送り仮名／対義語・類義語／同音・同訓異字／誤字訂正／四字熟語／熟語の構成

2級 …対象漢字数 2136字
漢字の読み／漢字の書取／部首・部首名／送り仮名／対義語・類義語／同音・同訓異字／誤字訂正／四字熟語／熟語の構成

準1級 …対象漢字数 約3000字
漢字の読み／漢字の書取／故事・諺／対義語・類義語／同音・同訓異字／誤字訂正／四字熟語

1級 …対象漢字数 約6000字
漢字の読み／漢字の書取／故事・諺／対義語・類義語／同音・同訓異字／誤字訂正／四字熟語

※ここに示したのは出題分野の一例です。毎回すべての分野から出題されるとは限りません。また、このほかの分野から出題されることもあります。

日本漢字能力検定採点基準 最終改定：平成25年4月1日

❶ 採点の対象
筆画を正しく、明確に書かれた字を採点の対象とし、くずした字や、乱雑に書かれた字は採点の対象外とする。

❷ 字種・字体
① 2～10級の解答は、内閣告示「常用漢字表」(平成二十二年)による。ただし、旧字体での解答は正答とは認めない。
② 1級および準1級の解答は、『漢検要覧 1／準1級対応』(公益財団法人日本漢字能力検定協会発行)に示す「標準字体」「許容字体」「旧字体一覧表」による。

❸ 読み
① 2～10級の解答は、内閣告示「常用漢字表」(平成二十二年)による。
② 1級および準1級の解答には、①の規定は適用しない。

❹ 仮名遣い
仮名遣いは、内閣告示「現代仮名遣い」による。

❺ 送り仮名
送り仮名は、内閣告示「送り仮名の付け方」による。

❻ 部首
部首は、『漢検要覧 2～10級対応』(公益財団法人日本漢字能力検定協会発行)収録の「部首一覧表と部首別の常用漢字」による。

❼ 筆順
筆順の原則は、文部省編『筆順指導の手びき』(昭和三十三年)による。常用漢字一字一字の筆順は、『漢検要覧 2～10級対応』収録の「常用漢字の筆順一覧」による。

❽ 合格基準

級	満点	合格
1級／準1級／2級	二〇〇点	八〇％程度
準2級／3級／4級／5級／6級／7級	二〇〇点	七〇％程度
8級／9級／10級	一五〇点	八〇％程度

※部首、筆順は『漢検 漢字学習ステップ』など公益財団法人日本漢字能力検定協会発行図書でも参照できます。

日本漢字能力検定審査基準

10級

程度　小学校第1学年の学習漢字を理解し、文や文章の中で使える。

領域・内容

《読むことと書くこと》　小学校学年別漢字配当表の第1学年の学習漢字を読み、書くことができる。

《筆順》　点画の長短、接し方や交わり方、筆順および総画数を理解している。

9級

程度　小学校第2学年までの学習漢字を理解し、文や文章の中で使える。

領域・内容

《読むことと書くこと》　小学校学年別漢字配当表の第2学年までの学習漢字を読み、書くことができる。

《筆順》　点画の長短、接し方や交わり方、筆順および総画数を理解している。

8級

程度　小学校第3学年までの学習漢字を理解し、文や文章の中で使える。

領域・内容

《読むことと書くこと》　小学校学年別漢字配当表の第3学年までの学習漢字を読み、書くことができる。

- 音読みと訓読みとを理解していること
- 送り仮名に注意して正しく書けること（食べる、楽しい、後ろ　など）
- 対義語の大体を理解していること（勝つ―負ける、重い―軽い　など）
- 同音異字を理解していること（反対、体育、期待、太陽　など）

《筆順》　筆順、総画数を正しく理解している。

《部首》　主な部首を理解している。

7級

程度　小学校第4学年までの学習漢字を理解し、文章の中で正しく使える。

領域・内容

《読むことと書くこと》　小学校学年別漢字配当表の第4学年までの学習漢字を読み、書くことができる。

- 音読みと訓読みとを正しく理解していること
- 送り仮名に注意して正しく書けること（等しい、短い、流れる　など）
- 熟語の構成を知っていること
- 対義語の大体を理解していること（入学―卒業、成功―失敗　など）
- 同音異字を理解していること（健康、高校、公共、外交　など）

《筆順》　筆順、総画数を正しく理解している。

《部首》　部首を理解している。

6級

程度 小学校第5学年までの学習漢字を理解し、文章の中で漢字が果たしている役割を知り、正しく使える。

領域・内容

《読むことと書くこと》 小学校学年別漢字配当表の第5学年までの学習漢字を読み、書くことができる。

・音読みと訓読みとを正しく理解していること
・送り仮名や仮名遣いに注意して正しく書けること（求める、失う など）
・熟語の構成を知っていること（上下、絵画、大木、読書、不明 など）
・対義語、類義語の大体を理解していること（禁止―許可、平等―均等 など）
・同音・同訓異字を正しく理解していること

《筆順》 筆順、総画数を正しく理解している。

《部首》 部首を理解している。

5級

程度 小学校第6学年までの学習漢字を理解し、文章の中で漢字が果たしている役割に対する知識を身に付け、漢字を文章の中で適切に使える。

領域・内容

《読むことと書くこと》 小学校学年別漢字配当表の第6学年までの学習漢字を読み、書くことができる。

・音読みと訓読みとを正しく理解していること
・送り仮名や仮名遣いに注意して正しく書けること
・熟語の構成を知っていること
・対義語、類義語を正しく理解していること
・同音・同訓異字を正しく理解していること

《四字熟語》 四字熟語を正しく理解している（有名無実、郷土芸能 など）。

《筆順》 筆順、総画数を正しく理解している。

《部首》 部首を理解し、識別できる。

4級

程度 常用漢字のうち約1300字を理解し、文章の中で適切に使える。

領域・内容

《読むことと書くこと》 小学校学年別漢字配当表のすべての漢字と、その他の常用漢字約300字の読み書きを習得し、文章の中で適切に使える。

・音読みと訓読みとを正しく理解していること
・送り仮名や仮名遣いに注意して正しく書けること
・熟語の構成を正しく理解していること
・熟字訓、当て字を理解していること（小豆／あずき、土産／みやげ など）
・対義語、類義語、同音・同訓異字を正しく理解していること

《四字熟語》 四字熟語を理解している。

《部首》 部首を識別し、漢字の構成と意味を理解している。

3級

程度 常用漢字のうち約1600字を理解し、文章の中で適切に使える。

領域・内容

《読むことと書くこと》 小学校学年別漢字配当表のすべての漢字と、その他の常用漢字約600字の読み書きを習得し、文章の中で適切に使える。

・音読みと訓読みとを正しく理解していること
・送り仮名や仮名遣いに注意して正しく書けること
・熟語の構成を正しく理解していること
・熟字訓、当て字を理解していること（乙女／おとめ、風邪／かぜ など）
・対義語、類義語、同音・同訓異字を正しく理解していること

《四字熟語》 四字熟語を理解している。

《部首》 部首を識別し、漢字の構成と意味を理解している。

※常用漢字とは、平成22年（2010年）11月30日付内閣告示による「常用漢字表」に示された2136字をいう。

準2級

程度 常用漢字のうち1951字を理解し、文章の中で適切に使える。

領域・内容

《読むことと書くこと》 1951字の漢字の読み書きを習得し、文章の中で適切に使える。

・音読みと訓読みとを正しく理解していること
・送り仮名や仮名遣いに注意して正しく書けること
・熟語の構成を正しく理解していること
・熟字訓、当て字を理解していること（硫黄／いおう、相撲／すもう　など）
・対義語、類義語、同音・同訓異字を正しく理解していること

《四字熟語》 典拠のある四字熟語を理解している（驚天動地、孤立無援　など）。

《部首》 部首を識別し、漢字の構成と意味を理解している。

※1951字とは、昭和56年（1981年）10月1日付内閣告示による旧「常用漢字表」の1945字から「勺」「錘」「銑」「脹」「匁」の5字を除いたものに、現行の「常用漢字表」のうち、「茨」「媛」「岡」「熊」「埼」「鹿」「栃」「奈」「梨」「阪」「阜」の11字を加えたものを指す。

2級

程度 すべての常用漢字を理解し、文章の中で適切に使える。

領域・内容

《読むことと書くこと》 すべての常用漢字の読み書きに習熟し、文章の中で適切に使える。

・音読みと訓読みとを正しく理解していること
・送り仮名や仮名遣いに注意して正しく書けること
・熟語の構成を正しく理解していること
・熟字訓、当て字を理解していること（海女／あま、玄人／くろうと　など）
・対義語、類義語、同音・同訓異字などを正しく理解していること

《四字熟語》 典拠のある四字熟語を理解している（鶏口牛後、呉越同舟　など）。

《部首》 部首を識別し、漢字の構成と意味を理解している。

準1級

程度 常用漢字を含めて、約3000字の漢字の音・訓を理解し、文章の中で適切に使える。

領域・内容

《読むことと書くこと》 常用漢字の音・訓を含めて、約3000字の漢字の読み書きに慣れ、文章の中で適切に使える。

・熟字訓、当て字を理解していること
・対義語、類義語、同音・同訓異字などを理解していること
・国字を理解していること（峠、凧、畠　など）
・複数の漢字表記について理解していること（國―国、交叉―交差　など）

《四字熟語・故事・諺》 典拠のある四字熟語、故事成語・諺を正しく理解している。

《古典的文章》 古典的文章の中での漢字・漢語を理解している。

※約3000字の漢字は、JIS第一水準を目安とする。

1級

程度 常用漢字を含めて、約6000字の漢字の音・訓を理解し、文章の中で適切に使える。

領域・内容

《読むことと書くこと》 常用漢字の音・訓を含めて、約6000字の漢字の読み書きに慣れ、文章の中で適切に使える。

・熟字訓、当て字を理解していること
・対義語、類義語、同音・同訓異字などを理解していること
・国字を理解していること（怺える、毟る　など）
・地名・国名などの漢字表記（当て字の一種）を知っていること
・複数の漢字表記について理解していること（鹽―塩、颱風―台風　など）

《四字熟語・故事・諺》 典拠のある四字熟語、故事成語・諺を正しく理解している。

《古典的文章》 古典的文章の中での漢字・漢語を理解している。

※約6000字の漢字は、JIS第一・第二水準を目安とする。

※常用漢字とは、平成22年（2010年）11月30日付内閣告示による「常用漢字表」に示された2136字をいう。

個人受検の申し込みについて　申し込みから合否の通知まで

1 受検級を決める

受検資格　制限はありません

実施級　1、準1、2、準2、3、4、5、6、7、8、9、10級

検定会場　全国主要都市約170か所に設置
（実施地区は検定の回ごとに決定）

2 検定に申し込む

● **インターネットで申し込む**

ホームページ https://www.kanken.or.jp/ から申し込む
（クレジットカード決済、コンビニ決済、楽天ペイが可能です）。

下記バーコードから日本漢字能力検定協会ホームページへ簡単にアクセスできます。

● **コンビニエンスストアで申し込む**

・ローソン「Loppi」
・セブン-イレブン「マルチコピー」
・ファミリーマート「Famiポート」
・ミニストップ「MINISTOP Loppi」

検定料は各店舗のレジカウンターで支払う。

● **取扱書店（大学生協含む）を利用する**

取扱書店（大学生協含む）で検定料を支払い、願書と書店払込証書を協会へ郵送する。

● **取扱新聞社などへ申し込む**

取扱新聞社で検定料を支払い、願書を渡す。

注意

①家族・友人と同じ会場での受検を希望する方は次の手続きをお願いします。
〔取扱書店・取扱新聞社での申し込みの場合〕
願書等を1つの封筒に同封してください。
〔インターネット、コンビニエンスストアでの申し込みの場合〕
検定料のお支払い完了後、申込締切日の3営業日後までに協会（お問い合わせフォーム）までお知らせください。

②車いすで受検される方や、身体的・精神的な理由により、受検上の配慮を希望される方は、申込締切日までに協会（お問い合わせフォーム）までご相談ください（申込締切日以降のお申し出には対応できかねます）。

③検定料を支払われた後は、受検級・受検地を含む内容変更および取り消し・返金は、いかなる場合もできません。また、次回以降の振り替え、団体受検や漢検CBTへの変更もできません。

3 受検票が届く

● 受検票は検定日の**約1週間前にお届け**します。4日前になっても届かない場合、協会までお問い合わせください。

お問い合わせ窓口

電話番号　フリーコール　**0120-509-315**（無料）
（海外からはご利用いただけません。ホームページよりメールでお問い合わせください。）

お問い合わせ時間　月～金　9時00分～17時00分
（祝日・お盆・年末年始を除く）
※検定日とその前日の土、日は開設
※検定日と申込締切日は9時00分～18時00分

メールフォーム　https://www.kanken.or.jp/kanken/contact/

4 検定日当日

検定時間

2級：10時00分～11時00分（60分間）
準2級：11時50分～12時50分（60分間）
8・9・10級：11時50分～12時30分（40分間）
1・3・5・7級：13時40分～14時40分（60分間）
準1・4・6級：15時30分～16時30分（60分間）

持ち物

受検票、鉛筆（HB、B、2Bの鉛筆またはシャープペンシル）、消しゴム

※ボールペン、万年筆などの使用は認められません。ルーペ持ち込み可。

注意

①会場への車での来場（送迎を含む）は、周辺の迷惑になりますのでご遠慮ください。
②検定開始時刻の15分前を目安に受検教室までお越しください。答案用紙の記入方法などを説明します。
③携帯電話やゲーム、電子辞書などは、電源を切り、かばんにしまってから入場してください。
④検定中は受検票を机の上に置いてください。
⑤答案用紙には、あらかじめ名前や受検番号などが印字されています。
⑥検定日の約5日後に漢検ホームページにて標準解答を公開します。

5 合否の通知

検定日の約40日後に、受検者全員に「検定結果通知」を郵送します。合格者には「合格証書」・「合格証明書」を同封します。欠席者には検定問題と標準解答をお送りします。

受検票は検定結果が届くまで大切に保管してください。

注目

進学・就職に有利！
合格者全員に合格証明書発行

大学・短大の推薦入試の提出書類に、また就職の際の履歴書に添付してあなたの漢字能力をアピールしてください。合格者全員に、合格証書と共に合格証明書を2枚、無償でお届けいたします。

合格証明書が追加で必要な場合は有償で再発行できます。

次の❶～❹を同封して、協会までお送りください。約1週間後、お手元にお届けします。

❶合格証明書再発行依頼書（漢検ホームページよりダウンロード可能）もしくは氏名・住所・電話番号・生年月日、および受検年月日・受検級・認証番号（合格証書の左上部に記載）を明記したもの
❷本人確認資料（学生証、運転免許証、健康保険証など）のコピー
❸住所・氏名を表に明記し切手を貼《は》った返信用封筒
❹証明書1枚につき発行手数料として500円の定額小為替

団体受検の申し込み

学校や企業などで志願者が一定以上まとまると、団体申込ができ、自分の学校や企業内で受検できる制度もあります。団体申込を扱っているかどうかは先生や人事関係の担当者に確認してください。

「漢検」受検の際の注意点

【字の書き方】

問題の答えは楷書で大きくはっきり書きなさい。乱雑な字や続け字、また、行書体や草書体のようにくずした字は採点の対象とはしません。

特に漢字の書き取り問題では、答えの文字は教科書体をもとにして、はねるところ、とめるところなどもはっきり書きましょう。また、画数に注意して、一画一画を正しく、明確に書きなさい。

《例》

○熱　×熱
○言　×言
○糸　×糸

【字種・字体について】

(1)日本漢字能力検定2〜10級においては、「常用漢字表」に示された字種で書きなさい。つまり、表外漢字（常用漢字表にない漢字）を用いると、正答とは認められません。

《例》

○交差点　×交叉点　（「叉」が表外漢字）
○寂しい　×淋しい　（「淋」が表外漢字）

(2)日本漢字能力検定2〜10級においては、「常用漢字表」に示された字体で書きなさい。なお、「常用漢字表」に参考として示されている康熙《こうき》字典体など、旧字体と呼ばれているものを用いると、正答とは認められません。

《例》

○真　×眞
○渉　×涉
○飲　×飮
○迫　×迫
○弱　×弱

(3)一部例外として、平成22年告示「常用漢字表」で追加された字種で、許容字体として認められているものや、その筆写文字と印刷文字との差が習慣の相違に基づくとみなせるものは正答と認めます。

《例》

餌 ➡ 餌 と書いても可
遜 ➡ 遜 と書いても可
葛 ➡ 葛 と書いても可
溺 ➡ 溺 と書いても可
箸 ➡ 箸 と書いても可

注意

(3)において、どの漢字が当てはまるかなど、一字一字については、当協会発行図書（2級対応のもの）掲載の漢字表で確認してください。

公益財団法人 日本漢字能力検定協会

漢検

漢検 過去問題集

2021年度版

2級

漢検 公益財団法人 日本漢字能力検定協会

●本書に関するアンケート●

今後の出版事業に役立てたいと思いますので、アンケートにご協力ください。抽選で粗品をお送りします。

◆PC・スマートフォンの場合

下記URL、またはバーコードから回答画面に進み、画面の指示に従ってお答えください。

https://www.kanken.or.jp/kanken/textbook/past.html

◆愛読者カード（ハガキ）の場合

本書挟み込みのハガキに切手を貼り、お送りください。

目次

この本の構成と使い方

この本は、2020年度に実施した日本漢字能力検定（漢検）2級のすべての試験問題と、その標準解答を収録したものです。

さらに、受検のためのQ&A、答案用紙の実物大見本、合格者平均得点など、受検にあたって知っておきたい情報を収めました。

□「漢検」受検Q&A

検定当日の注意事項や、実際の答案記入にあたって注意していただきたいことをまとめました。

□全試験問題（13回分）

２０２０年度の全問題です。検定は、公開会場で2回、それ以外の日に、団体受検の準会場で11回実施いたしました。実施日によって問題は異なるため、この本にも13種類すべてを収録しました。

問題1回分は見開きで4ページです。

2級は200点満点、検定時間は60分です。時間配分に注意しながら、合格のめやすである80％程度正解を目標として取り組んでください。

□資料

「常用漢字表　付表」と「都道府県名」の一覧を掲載しました。

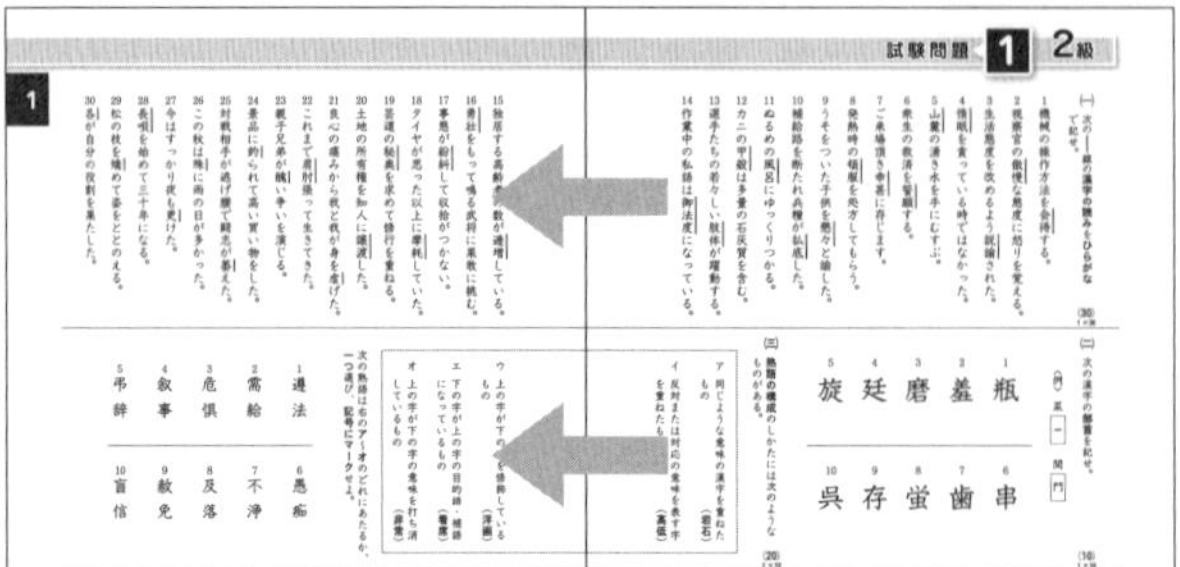

試験問題・標準解答は段ごとに右ページから左ページへ続けてご覧ください。

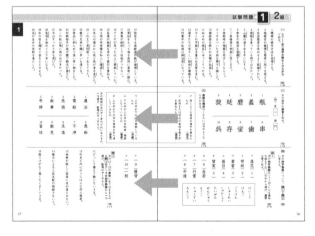

□答案用紙実物大見本

巻末には、検定で使う実物とほぼ同じ大きさ・用紙の答案用紙を収録。実際の解答形式に慣れることができます。問題は不許複製ですが、答案用紙実物大見本はコピーをしてお使いください。

また、日本漢字能力検定協会ホームページからもダウンロードできます。

https://www.kanken.or.jp/kanken/textbook/past.html

□別冊・標準解答

各問題の標準解答は、別冊にまとめました。1回分は見開きで2ページです。

また、試験問題**1**～**9**の解答には、(一)(二)(三)……の大問ごとに合格者平均得点をつけました。難易のめやすとしてお役立てください。

□データでみる「漢検」

2020年度第1回・第2回の「漢検」受検者数・合格者数・合格率、および志願者の年齢層別割合・設問項目別正答率等を掲載しました。

●巻頭―カラー口絵

主な出題内容、採点基準、および審査基準などを掲載。

●付録―準1級の試験問題・答案用紙・標準解答

2020年度に実施した準1級の試験問題・答案用紙1回分を、2級の試験問題の後に収録（標準解答は別冊に収録）。

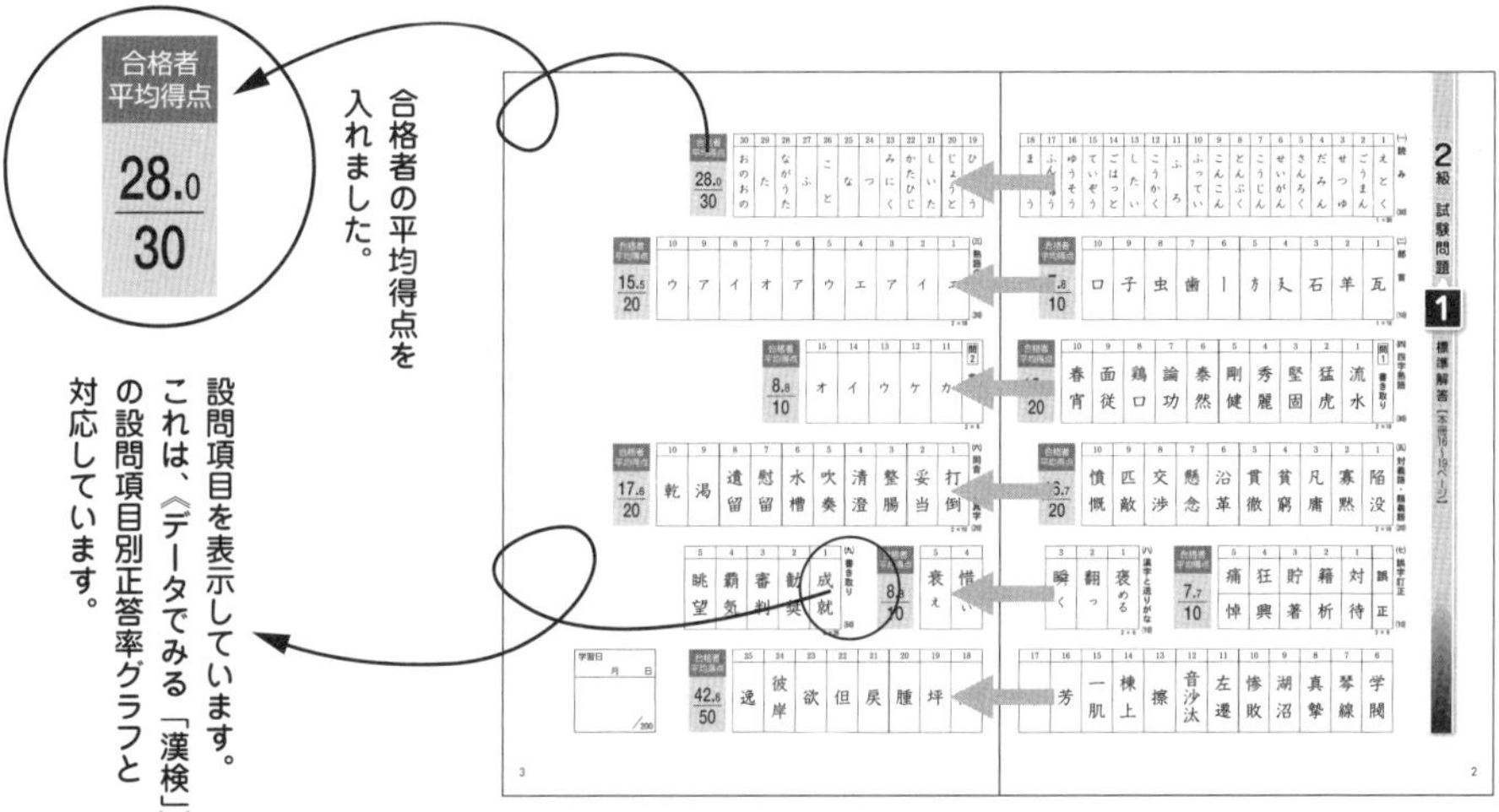
合格者平均得点
28.0
30
合格者の平均得点を入れました。
設問項目を表示しています。
これは、《データでみる「漢検」》の設問項目別正答率グラフと対応しています。

「漢検」受検 Q＆A

●検定当日について

Q 検定当日の持ち物は？

A 鉛筆またはシャープペンシル（HB・B・2B）、消しゴム、受検票（公開会場の場合。写真が必要です）を必ず持参してください。ボールペンや万年筆、こすって消せるペン（摩擦熱で無色になる特殊なインクを使ったペン）などの使用は認められません。

印刷されている文字が小さくて見えにくい方は、ルーペ（拡大鏡）を使ってもかまいません。

また、時間の確認のため、腕時計を持参してもかまいません。ただし、携帯電話を時計代わりに使うことはできません。検定会場内で携帯電話やその他電子機器を使用すると、不正行為とみなされ失格となります。

●答案について

Q 標準解答の見方は？

A 例

無粋	不粋

「無粋」「不粋」どちらでも正解とします。

ぶんぴ	ぶんぴつ

「ぶんぴ」「ぶんぴつ」どちらでも正解とします。

Q 標準解答に、複数の答えが示されている場合、そのすべてを答えないと正解にならないのか？

A 標準解答に、複数の答えが示されている場合、その

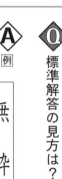

うちどれか一つが正しく書けていれば正解とします。すべてを書く必要はありません。

なお、答えを複数書いた場合、そのなかの一つでも間違っていれば不正解としますので、注意してください。

例 問題 次の――線の**漢字の読みをひらがな**で記せ。

現在の地位に執着する。

標準解答 しゅうじゃく しゅうちゃく

解答例
しゅうじゃく……○
しゅうちゃく……○
しゅうじゃく しゅうちゃく……○
しっちゃく しゅうちゃく……×

Q 答えを漢字で書く際に注意することは？

A 漢字は、楷書で丁寧に、解答欄内に大きくはっきりと書いてください。くずした字や乱雑な字などは採点の対象外とします(※)。教科書体を参考にして、はねるところ、とめるところなどもはっきり書きましょう。

特に、次に示す点に注意してください。

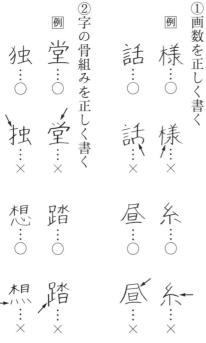

①画数を正しく書く

例 様…○ 様…× 糸…○ 糸…×
話…○ 話…× 昼…○ 昼…×

②字の骨組みを正しく書く

例 堂…○ 堂…× 踏…○ 踏…×
独…○ 独…× 想…○ 想…×

③突き出るところ、突き出ないところを正しく書く

例

④字の組み立てを正しく書く

例
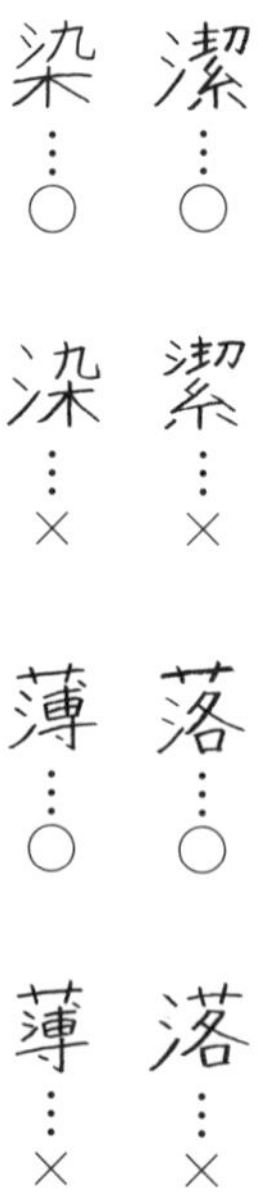

⑤一画ずつ丁寧に書く

例

⑥よく似た別の字（または字の一部分）と区別がつくように書く

例

（※）採点の対象外とする字とは？

自分だけが読み取れれば良いメモなどとは違い、検定では誰が見ても正しく読み取れる字を書かなければ正解とはなりません。

くずした字や乱雑な字など、字体（文字の骨組み）が読み取れない字は採点の対象外とし、不正解とします。また、答案用紙は機械で読み取るため、機械が読み取らないほど薄い字も、採点の対象外です。

●採点の対象外とする字の例

・細部が潰れている字

例

・続け字

例 銀…○ 銀…× 細…○ 細…×

顔…○ 顔…× 試…○ 試…×

・小さい字（周りの四角は解答欄を表す）

例 確…○ 確…×

悲…○ 悲…×

・消したかどうかわからない部分がある字

例 暴…○ 暴…× 垂…○ 垂…×

休…○ 休…× 専…○ 専…×

・不要な部分がある字

例 危…○ 危…× 水…○ 水…×

属…○ 属…× 糸…○ 糸…×

Q 答えをひらがなで書く際に注意することは？

A 漢字を書くときと同様に、楷書で丁寧に書いてください。特に、次に示す点に注意してください。

①バランスがくずれると区別がつきにくくなる字は、区別がつくように丁寧に書く

例 い／り か／や く／し

て／へ ゆ／わ い／こ

②拗音《ようおん》「ゃ」「ゅ」「ょ」や促音《そくおん》「っ」は小さく右に寄せて書く

例 いしゃ…○ いしや…×

がっこう…○ がつこう…×

③濁点「゛」や半濁点「゜」をはっきり書く

例 が…○ が…× が…×

ぱ…○ ば…× ば…×

④一画ずつ丁寧に書く

例 な…○ な…× ふ…○ ふ…×

う…○ う…× も…○ も…×

Q 2～10級の検定で、旧字体や「常用漢字表」に示されていない漢字（表外漢字）、歴史的仮名遣《かなづか》いを用いて答えてもよいか？

A 2～10級の解答には、常用漢字および現代仮名遣いを用いてください。旧字体や表外漢字、歴史的仮名遣いを用いた解答は不正解とします。

また、「常用漢字表」に示されていない読み（表外読み）を用いた解答も不正解とします。

例1

問題　次の――線の**カタカナ**を**漢字**に直せ。

信号が**テンメツ**している。

解答例　点滅……○

點滅……×　「點」が旧字体

例2

問題　次の――線の**漢字の読み**を**ひらがな**で記せ。

池にうっすらと**氷**がはる。

解答例　こおり……○

こほり……×　「こほり」は歴史的仮名遣い

例3

問題　次の――線の**カタカナ**を**漢字**に直せ。

紙くずをごみ箱に**ス**てる。

解答例　捨……○

棄……×　「棄」の訓読み「す(てる)」は表外読み

Q 「遡」を「遡」、「餅」を「餅」と書いてもよいか？

A 2～10級の検定では、「常用漢字表」に示された字体を用いて答えなければなりません。ただし、例外として、平成22（2010）年告示「常用漢字表」で追加された漢字のうち、許容字体が併せて示されたものは正解とします。

「遡」や「餅」という字体はこの例外に当てはまりますので、正解となります。

Q 次の例ではどちらが正しい書き方か？

A

①

言「言」か「言」か

条「条」か「条」か

令「令」か「令」か

②

溺「溺」か「溺」か

頬「頬」か「頰」か

剥「剝」か「剥」か

どちらの書き方でも正解とします。

こうした違いについては、「常用漢字表」の「（付）字体についての解説」に、「印刷文字と手書き文字におけるそれぞれの習慣の相違に基づく表現の差と見るべきもの」として例示されており、字体としては同じ（どちらで書いてもよい）とされています。

どちらの書き方でも正解とします。

これらのように、印刷文字と手書き文字におけるそれぞれの習慣の相違に基づく表現の差が、字体（文字の骨組み）の違いに及ぶ場合もありますが、いわば例外的なものです。

Q 「比」「衣」「越」などは「ㇾ」と書くのか「レ」と書くのか？

A 「比」「衣」「越」などの「ㇾ」の部分は、活字のデザインにおいて、一画で書く「レ」の折れを強調したものです。

検定では、次に示す教科書体を手本にして、「レ」のように一画で書いてください。

例

衣 越 猿 仰 氏 紙 長

底 展 農 比 民 裏 留

Q 解答方法で注意することは？

A 問題文をよく読んで答えましょう。答える部分や答え方など、問題文に指定がある場合は、必ずそれに従って答えてください。問題文の指定に合っていない答えは不正解とします。

特に、次に示す点に注意してください。

①「答えを一字書きなさい」と指定があれば「一字」のみ答える

例 問題 後の□内のひらがなを**漢字**に直して□に入れ、**四字熟語**を完成せよ。□内のひらがなは一度だけ使い、**答案用紙に一字記入**せよ。

新進気□　い・えい・えん・かん

解答例　鋭……○
気鋭……×
新進気鋭……×

②「ひらがなで書きなさい」と指定があれば「ひらがな」で答える

例 問題 次の――線の**カタカナ**を**漢字一字と送りがな（ひらがな）**に直せ。

交番で道を**タズネル**。

解答例　尋ねる……○　尋ネル……×

③「算用数字で書きなさい」と指定があれば「算用数字」で答える

例 問題 次の漢字の**太い画**のところは**筆順の何画目**か、**算用数字**（1、2、3…）で答えなさい。

若

解答例　4……○　四……×

④「――線の漢字の読みを書きなさい」と指定があれば「――線」部分のみ答える

例　問題　次の――線の**漢字の読み**を**ひらがな**で記せ。

駅の昇降口が混雑している。

解答例　しょうこう……………○

しょうこうぐち……×

⑤「――線の右に書きなさい」と指定があれば「――線の右」に記入する

例　問題　つぎの――線の**漢字**の**読みがな**を――線の**右**に書きなさい。

ベランダの植木に水をやる。

解答例　ベランダの植木《うえき》に水をやる。……○

ベランダの植木《うえき》に水をやる。……×

試験問題	学 習 日	得　点
1	月　　日	点
2	月　　日	点
3	月　　日	点
4	月　　日	点
5	月　　日	点
6	月　　日	点
7	月　　日	点
8	月　　日	点
9	月　　日	点
10	月　　日	点
11	月　　日	点
12	月　　日	点
13	月　　日	点

2級 2020年度 試験問題

(一) 次の——線の**漢字の読み**を**ひらがな**で記せ。 (30) 1×30

1 機械の操作方法を会得する。
2 視察官の傲慢な態度に怒りを覚える。
3 生活態度を改めるよう説諭された。
4 惰眠を貪っている時ではなかった。
5 山麓の湧き水を手にむすぶ。
6 衆生の救済を誓願する。
7 ご来場頂き幸甚に存じます。
8 発熱時の頓服を処方してもらう。
9 うそをついた子供を懇々と諭した。
10 補給路を断たれ兵糧が払底した。
11 ぬるめの風呂にゆっくりつかる。
12 カニの甲殻は多量の石灰質を含む。
13 選手たちの若々しい肢体が躍動する。
14 作業中の私語は御法度になっている。

(二) 次の漢字の**部首**を記せ。 (10) 1×10

〈例〉 菜〔艹〕 間〔門〕

1 瓶
2 羞
3 磨
4 廷
5 旋
6 串
7 歯
8 蛍
9 存
10 呉

(三) **熟語の構成**のしかたには次のようなものがある。 (20) 2×10

ア 同じような意味の漢字を重ねたもの (**岩石**)
イ 反対または対応の意味を表す字を重ねたもの (**高低**)

(四) 次の**四字熟語**について、問1と問2に答えよ。 (30)

問1 次の**四字熟語**の(1〜10)に入る適切な語を下の□の中から選び、**漢字二字**で記せ。 (20) 2×10

ア 落花(1)
イ 苛政(2)
ウ 要害(3)
エ 眉目(4)
オ 質実(5)
カ (6)自若
キ (7)行賞
ク (8)牛後

けいこう けんご ごうけん しゅうれい しゅんしょう たいぜん めんじゅう もうこ りゅうすい ろんこう

15 独居する高齢者の数が逓増している。
16 勇壮をもって鳴る武将に果敢に挑む。
17 事態が紛糾して収拾がつかない。
18 タイヤが思った以上に摩耗していた。
19 芸道の秘奥を求めて修行を重ねる。
20 土地の所有権を知人に譲渡した。
21 良心の痛みから我と我が身を虐げた。
22 これまで肩肘張って生きてきた。
23 親子兄弟が醜い争いを演じる。
24 景品に釣られて高い買い物をした。
25 対戦相手が逃げ腰で闘志が萎えた。
26 この秋は殊に雨の日が多かった。
27 今はすっかり夜も更けた。
28 長唄を始めて三十年になる。
29 松の枝を矯めて姿をととのえる。
30 各が自分の役割を果たした。

ウ 上の字が下の字を修飾しているもの （**洋画**）

エ 下の字が上の字の目的語・補語になっているもの （**着席**）

オ 上の字が下の字の意味を打ち消しているもの （**非常**）

次の熟語は右の**ア**～**オ**のどれにあたるか、**一つ**選び、**記号にマーク**せよ。

1 遵法
2 需給
3 危惧
4 叙事
5 弔辞
6 愚痴
7 不浄
8 及落
9 赦免
10 盲信

ケ （ 9 ）腹背

コ （ 10 ）一刻

問2 次の11～15の**意味**にあてはまるものを**問1**の**ア**～**コ**の**四字熟語**から**一つ**選び、**記号にマーク**せよ。

(10)
2×5

11 どっしり構えて動じないさま。
12 外見と内心のうらはらな対人態度。
13 地勢が険しく容易に攻め落とせない。
14 権力による人民支配の残酷さをいう。
15 飾りけがなく強くたくましいさま。

(五) 次の1〜5の**対義語**、6〜10の**類義語**を後の□の中から選び、**漢字**で記せ。□の中の語は一度だけ使うこと。

(20) 2×10

対義語

1 隆起
2 多弁
3 偉大
4 富裕
5 挫折

類義語

6 歴史
7 心配
8 折衝
9 同等
10 激怒

えんかく・かもく・かんてつ
かんぼつ・けねん・こうしょう
ひってき・ひんきゅう・ふんがい
ぼんよう

(七) 次の各文にまちがって使われている**同じ読みの漢字**が**一字**ある。**上に誤字**を、**下に正しい漢字**を記せ。

(10) 2×5

1 米国の主要空港で航空会社の機内食配膳業務を請け負う業者の人々が対遇改善を訴え一斉にデモを展開した。

2 事故後の車の画像を人工知能で解籍し修理金額の見積もりを数十秒で出すサービスを損害保険会社が始める。

3 幼児教育・保育の無償化の新制度は、当初の想定よりも利用者が多く財源の不足が顕貯になっている。

4 中国で犯罪組織捜査官がホテルの部屋を間違えて踏み込むと、そこでは警察の幹部連が賭博に狂じていた。

5 レース中の事故で死亡した天才ドライバーの葬儀が営まれその死を痛む多くのファンが弔問の列に加わった。

(八) 次の――線の**カタカナ**を**漢字一字**と**送りがな(ひらがな)**に直せ。

(10) 2×5

〈例〉 問題に**コタエル**。 答える

6 友人は**ガクバツ**を利用して出世した。

7 心の**キンセン**に触れる講話を聞いた。

8 **シンシ**に取り組む姿に好感を抱く。

9 **コショウ**の水質保全に努める。

10 相手を侮って**ザンパイ**を喫した。

11 四十代で閑職に**サセン**された。

12 上京した娘から全く**オトサタ**がない。

13 知人の運転する車と**ス**れ違った。

14 吉日を選んで**ムネア**げをする。

15 君に**ヒトハダ**脱いでもらいたい。

(六) 次の——線のカタカナを漢字に直せ。 (20) 2×10

1 ライバル**ダトウ**を期して練習に励む。
2 **ダトウ**な価格の商品を購入した。

3 腹をこわして**セイチョウ**剤を飲む。
4 高原の**セイチョウ**な空気を吸う。

5 三年間**スイソウ**楽部に所属した。
6 **スイソウ**で熱帯魚を飼う。

7 辞意を漏らした会長を**イリュウ**する。
8 現場に犯人の**イリュウ**品があった。

9 **カワ**いた喉を潤す。
10 **カワ**いた洗濯物を畳む。

1 生徒の作品を手放しで**ホメル**。
2 屋上の社旗が**ヒルガエッ**ている。
3 眼下に街の灯が**マタタク**。
4 返す返すも**オシイ**人を亡くした。
5 夜の間に風の勢いが**オトロエ**た。

(九) 次の——線のカタカナを漢字に直せ。 (50) 2×25

1 十年来の恋が**ジョウジュ**した。
2 会社から退職**カンショウ**を受けた。
3 国民の**シンパン**が下された。
4 選手たちに**ハキ**が感じられない。
5 **チョウボウ**のよい高台に登る。

16 第一印象は**カンバ**しくなかった。
17 振り上げた**コブシ**のやり場に困った。
18 暴飲暴食が体に**サワ**る。
19 敷地内に二万**ツボ**の庭園がある。
20 激しく泣いてまぶたを**ハ**らしていた。
21 宛先不明で手紙が**モド**ってきた。
22 **タダ**し書きを見落としていた。
23 将を射んと**ホッ**すればまず馬を射よ。
24 暑さ寒さも**ヒガン**まで。
25 大魚を**イッ**する。

▼解答は別冊2・3ページ

(一) 次の――線の**漢字の読み**を**ひらがな**で記せ。 (30) 1×30

1 論文中に難解な哲学用語が頻出する。
2 労働者が団結して同盟罷業に入る。
3 ゴッホ全作品中の白眉に数えられる。
4 仏像の古拙な微笑に心を和ませる。
5 陰で画策する同僚を憎悪した。
6 借金まみれの会社の社長が失踪した。
7 もはや一刻の猶予もない。
8 川の水が大きな渦紋を描いている。
9 大国の野放図な環境汚染を糾弾する。
10 祖父に拳法の手ほどきを受けた。
11 景気は漸次回復している。
12 借用書に署名して押印する。
13 高品質な混紡の糸が次々開発される。
14 心理描写が細緻を極めている。

(二) 次の漢字の**部首**を記せ。 (10) 1×10

〈例〉 菜 [艹]　間 [門]

1 義
2 剛
3 缶
4 舞
5 虐
6 帥
7 軟
8 直
9 摩
10 辣

(三) **熟語の構成**のしかたには次のようなものがある。 (20) 2×10

ア 同じような意味の漢字を重ねたもの　(**岩石**)
イ 反対または対応の意味を表す字を重ねたもの　(**高低**)

(四) 次の**四字熟語**について、問1と問2に答えよ。 (30)

問1 次の**四字熟語**の(1～10)に入る適切な語を下の□の中から選び、**漢字二字**で記せ。 (20) 2×10

ア 支離(1)
イ 陶犬(2)
ウ 冷汗(3)
エ 妖怪(4)
オ 西方(5)
カ (6)実直
キ (7)非才
ク (8)落日

がけい
きんげん
こじょう
さんと
じょうど
せんがく
ばんりょく
ひよく
へんげ
めつれつ

15 登るにつれて空は澄明の度を加えた。
16 少なからず先人の余薫を被っている。
17 葬列が粛々と過ぎて行った。
18 布団から出るのがおっくうだった。
19 虚空の高みを悠々と巨鳥が飛ぶ。
20 豊漁で港が活況を呈している。
21 日がな一日謡の稽古に精を出す。
22 災害の行方不明者を捜し続ける。
23 はたと思い当たって膝頭をたたく。
24 暴動はいつ鎮まるとも知れなかった。
25 非難の矢面に立って弁明に努める。
26 世間知らずの若者をさんざんに嘲る。
27 室内に親密な雰囲気が醸されてゆく。
28 初孫の産湯の準備に忙しい。
29 田舎の暮らしに憧れていた。
30 桜の太い枝をかめに挿す。

ウ 上の字が下の字を修飾しているもの （**洋画**）
エ 下の字が上の字の目的語・補語になっているもの （**着席**）
オ 上の字が下の字の意味を打ち消しているもの （**非常**）

次の熟語は右の**ア～オ**のどれにあたるか、**一つ**選び、**記号にマーク**せよ。

1 披露
2 毀誉
3 未踏
4 疎密
5 殉教

6 禍福
7 漆黒
8 叙景
9 霊魂
10 顕在

ケ （9）連理
コ （10）一紅

問2 次の11～15の**意味**にあてはまるものを**問1**の**ア～コの四字熟語**から**一つ**選び、**記号にマーク**せよ。 **(10)** 2×5

11 男女の間柄が極めてむつまじいこと。
12 かつての勢いを失い頼るものもない状況。
13 多くの中でひときわ目立つさま。
14 極めて恐ろしい思いや非常に恥ずかしい思いをすること。
15 ばらばらで筋道が立っていないさま。

2

(五) 次の1～5の**対義語**、6～10の**類義語**を後の□の中から選び、**漢字**で記せ。□の中の語は一度だけ使うこと。 (20) 2×10

対義語

1 侵害
2 高遠
3 絶賛
4 利発
5 国産

類義語

6 互角
7 一瞬
8 核心
9 看過
10 昼寝

ぐどん・こくひょう・ごすい
せつな・ちゅうすう・はくちゅう
はくらい・ひきん・もくにん
ようご

(七) 次の各文にまちがって使われている**同じ読みの漢字**が**一字**ある。**上に誤字**を、**下に正しい漢字**を記せ。 (10) 2×5

1 自動車道トンネルの天井板崩落事故から七年目を迎え、遺族ら多数が追悼慰霊式で犠牲者の命福を祈った。

2 かつてのアフリカ最大の航空会社が政府の支援を当てにした放漫経営や相次ぐ汚職事件で波綻の危機にある。

3 中国でデモ参加者が警官に銃撃された事件の後、機動部隊とデモ隊が激突し催涙弾と火炎瓶の応襲となった。

4 安価な交雑種を「和牛」と偽って販売した精肉店を、講入者の焼き肉店経営会社が刑事告発した。

5 ノルウェー政府は乱獲により枯滑寸前に陥ったニシンを二十年禁漁し以前の水準にまで漁獲高を回復させた。

(八) 次の――線の**カタカナ**を**漢字一字**と**送りがな(ひらがな)**に直せ。 (10) 2×5

〈例〉 問題に**コタエル**。 答える

6 眼前の光景に**センリツ**が走った。

7 **ダイタン**なデザインに目を見張る。

8 冬の浜辺は**コウリョウ**としていた。

9 **シャクドウ**色の頑健な体に汗が光る。

10 ビタミン豊富な**カジュウ**を飲む。

11 諸国を**ルロウ**しながら一生を終えた。

12 頭が固くて**ユウズウ**がきかない。

13 死人の山を築く**シュラバ**となった。

14 **ス**っぱそうな梅干しに唾がわいた。

15 **ドンブリ**の飯をたちまち平らげた。

(六) 次の――線のカタカナを漢字に直せ。 (20) 2×10

1 経歴サショウが露顕した。
2 入国サショウを大使館に申請する。
3 失言を重ねた大臣がコウテツされた。
4 コウテツのような体にきたえ上げる。
5 嵐の海から奇跡的にセイカンした。
6 しばらく事態をセイカンする。
7 タンパク質分解コウソが不足する。
8 一審の判決を不服としてコウソする。
9 全国各地をマタにかけて行商する。
10 借りた本をマタ貸しする。

(九) 次の――線のカタカナを漢字に直せ。 (50) 2×25

1 商品名が似ていてマギラワシイ。
2 アルバイトで学費をマカナッている。
3 精魂をこめて刀をキタエル。
4 断崖絶壁に行く手をハバマれた。
5 今年も大根をツケル時期になった。

1 徹夜して目がジュウケツしている。
2 事前に敵情をテイサツする。
3 コウバイの急な坂道をのぼる。
4 政界にセンプウを巻き起こす。
5 キョウリョウな人物でがっかりした。

16 スズを転がすような彼女の声がした。
17 大関のフトコロの深さに感じ入った。
18 二人は固く将来をチギった。
19 息子の不始末のシリヌグいをする。
20 外の寒さにエリモトをかき合わせる。
21 カロうじて終電に間に合った。
22 君の手をワズラわすまでもない。
23 反旗をヒルガエす。
24 鬼が出るかジャが出るか。
25 アオいで天にはじず。

▼解答は別冊4・5ページ

(一) 次の――線の**漢字の読み**を**ひらがな**で記せ。 (30) 1×30

1 汎用性の高い機種を選択する。
2 即位の大典が粛然と執り行われた。
3 賭博の常習犯が逮捕された。
4 海浜に油井のやぐらが立ち並ぶ。
5 窮乏生活の中で創作に専心する。
6 煩忙な時にはアルバイトを増員する。
7 祖母の手縫いの浴衣と巾着が届いた。
8 両国の長年の角逐が終息に向かう。
9 施錠を怠り勝手口から侵入された。
10 市場の寡占状態が続いている。
11 門扉を開いてご入来を待つ。
12 横柄な態度にすっかり嫌気がさした。
13 寸暇を惜しんで学業に精進する。
14 上司の媒酌で挙式した。

(二) 次の漢字の**部首**を記せ。 (10) 1×10

〈例〉 菜〔艹〕 間〔門〕

1 面
2 韻
3 吏
4 戻
5 升
6 罵
7 裏
8 毀
9 豪
10 企

(三) **熟語の構成**のしかたには次のようなものがある。 (20) 2×10

ア 同じような意味の漢字を重ねたもの (岩石)
イ 反対または対応の意味を表す字を重ねたもの (高低)

(四) 次の**四字熟語**について、問1と問2に答えよ。 (30)

問1 次の**四字熟語**の(1〜10)に入る適切な語を下の□の中から選び、**漢字二字**で記せ。 (20) 2×10

ア 鼓舞(1)
イ 大言(2)
ウ 春日(3)
エ 面目(4)
オ 同工(5)
カ (6)夢死
キ (7)羞花
ク (8)顕正

いかん
いきょく
げきれい
すいせい
そうご
だんがい
ちち
はじゃ
へいげつ
やくじょ

15 圧政に苦しむ民衆が蜂起した。
16 不幸な境涯のうちに最期を迎えた。
17 怠慢な勤務態度を難詰する。
18 永年勤めた褒美に旅行券をもらった。
19 常に漠とした不安にとらわれていた。
20 苦吟の末にものした一句が入選した。
21 慈しみ育てた愛児を病気で亡くした。
22 蛇が鎌首をもたげて攻撃を仕掛ける。
23 次代を担う若者たちに全てを託する。
24 月に二度氏神さまにお参りする。
25 強振したバットが絶好球を捉えた。
26 靴墨を塗って磨くと艶が出た。
27 人を卑しめる言葉を自己に禁じる。
28 仏壇に母の好物の葛餅を供える。
29 大火を鎮めるのは容易でなかった。
30 隣町を併せて行政の効率を上げる。

ウ 上の字が下の字を修飾しているもの　（**洋画**）
エ 下の字が上の字の目的語・補語になっているもの　（**着席**）
オ 上の字が下の字の意味を打ち消しているもの　（**非常**）

次の熟語は右の**ア～オ**のどれにあたるか、**一つ**選び、**記号にマーク**せよ。

1 折衷
2 親睦
3 無為
4 駄弁
5 雅俗
6 奔流
7 収賄
8 傲慢
9 懐古
10 贈答

ケ （9）絶壁
コ （10）千万

問2 次の11～15の**意味**にあてはまるものを**問1**の**ア～コの四字熟語**から**一つ**選び、**記号にマーク**せよ。
(10) 2×5

11 進退きわまった状況のたとえに使う。
12 実力もないのにいかにも偉そうな口をきくこと。
13 その人らしさがありありと現れるさま。
14 残念この上ない。
15 やり方は同じだが多少中身が違う。

(五) 次の1～5の**対義語**、6～10の**類義語**を後の□の中から選び、**漢字**で記せ。□の中の語は一度だけ使うこと。 (20) 2×10

対義語

1 興隆
2 更生
3 不毛
4 密集
5 潤沢

類義語

6 不意
7 一掃
8 来歴
9 制約
10 中核

こかつ・すいび・すうじく
そくばく・だらく・てんざい
とうとつ・ひよく・ふっしょく
ゆいしょ

(七) 次の各文にまちがって使われている**同じ読みの漢字**が**一字**ある。**上に誤字**を、**下に正しい漢字**を記せ。 (10) 2×5

1 獣皮よりも強度の勝る繊維構造を持つ魚皮を薬品処理して素材に用いた財布や名紙入れの商品化が進む。

2 米国で仏教研究を専攻し来日して得度したドイツ人が一人前の僧への登隆門とされる試験に合格した。

3 欧州の三千年前頃の墓から出土した急須のような形の土器は、その残留付着物の分析から保乳瓶と判明した。

4 消防庁はガソリン販売業者に携行缶持参で購入する人の身元とその使用目的の確認を撤底するよう要請した。

5 地震発生時に緊急メールを一勢に送信する市の訓練は着信音に不快を表す市民が多く中止を余儀なくされた。

(八) 次の――線の**カタカナ**を**漢字一字**と**送りがな(ひらがな)**に直せ。 (10) 2×5

〈例〉 問題に**コタエル**。 答える

6 事件の**カチュウ**に巻き込まれる。

7 **ジンリン**にもとる行為を指弾する。

8 定年後**イゴ**教室に通っている。

9 自信作が**シンラツ**な批評を浴びた。

10 各国首脳を**キヒン**室に案内する。

11 荘厳な社殿が**コンリュウ**された。

12 猿が歯をむいて**イカク**している。

13 **カマモト**に出向いて陶器を求めた。

14 故郷の川に**ホタル**が飛び交っていた。

15 ようやく桜の花が**ホコロ**びはじめた。

(六) 次の──線のカタカナを漢字に直せ。 (20) 2×10

1 知事選挙の投票日が**コクジ**された。
2 二つの筆跡が**コクジ**している。
3 会議は**ボウトウ**から波乱含みだった。
4 株価が軒並み**ボウトウ**した。
5 雑魚数匹の惨めな**チョウカ**だった。
6 **チョウカ**勤務を強いられる。
7 上代の**フンキュウ**墓を発掘する。
8 大臣の失言で国会が**フンキュウ**する。
9 大泣きして目を**ハ**らす。
10 苦労して疑いを**ハ**らす。

1 高遠な理想を**カカゲル**。
2 親の差し出口が**ウトマシカッ**た。
3 自分を**イツワラ**ずに生きたかった。
4 時計を見て**アワテ**て家を飛び出した。
5 恩師の死を心から**イタム**。

(九) 次の──線のカタカナを漢字に直せ。 (50) 2×25

1 得も言われぬ**フゼイ**が漂っている。
2 空港で**トウジョウ**手続きを済ませた。
3 **イッタン**口に出したら後に引けない。
4 **ガクフ**にとらわれず即興で演奏する。
5 血液が体内を**ジュンカン**する。

16 繭から生糸を**ツム**ぐ。
17 神前に**ウヤウヤ**しく供物をささげる。
18 年始回りで新春の**コトブキ**を述べる。
19 高原で**サワ**やかな朝を迎えた。
20 驚くほどおいしい**シルコ**だった。
21 座禅道場に出てみたが一度で**コ**りた。
22 すべて**オオ**せの通りにいたします。
23 **スイホウ**に帰す。
24 一芸に**ヒイ**でる。
25 衣食足りて**レイセツ**を知る。

▼解答は別冊6・7ページ

(一) 次の――線の**漢字の読み**を**ひらがな**で記せ。 (30) 1×30

1 契約内容を忠実に履行する。
2 傑出した瞬発力を跳躍競技に生かす。
3 妖艶な悪女を演じファンを驚かせた。
4 名人戦の攻防を棋譜でたどり直す。
5 行脚僧に心ばかりの布施を渡す。
6 僅少な得点差でライバルに敗れた。
7 合戦で目覚ましい勲功を立てた。
8 失態をさらけ出し汗顔の至りだった。
9 便箋に達筆な文字でつづられている。
10 迎賓館で各国の要人をもてなす。
11 強行採決に憤然として抗議した。
12 論難を歯牙にもかけない。
13 収賄の疑惑を徹底的に糾明する。
14 偏狭な民族主義にとらわれていた。

(二) 次の漢字の**部首**を記せ。 (10) 1×10

〈例〉 菜〔艹〕 間〔門〕

1 亜　2 我　3 臼　4 辞　5 暮
6 淑　7 虎　8 嗣　9 甲　10 翁

(三) **熟語の構成**のしかたには次のようなものがある。 (20) 2×10

ア 同じような意味の漢字を重ねたもの　（**岩石**）
イ 反対または対応の意味を表す字を重ねたもの　（**高低**）

(四) 次の**四字熟語**について、**問1**と**問2**に答えよ。 (30)

問1 次の**四字熟語**の（1〜10）に入る適切な語を下の□の中から選び、**漢字二字**で記せ。 (20) 2×10

ア 白砂（1）
イ 汎愛（2）
ウ 会者（3）
エ 良風（4）
オ 国士（5）
カ （6）妥当
キ （7）奇抜
ク （8）烈日

けいせい
けんり
ざんしん
しゅうそう
じょうり
せいしょう
びぞく
ふへん
むそう
めんきょ

15 事業の運営資金が枯渇する虞がある。
16 深夜まで工場が稼働している。
17 両国間で借款の条件を協議する。
18 大豆から油を搾取する。
19 連れ立って物見遊山に繰り出す。
20 昇格は時期尚早を理由に見送られた。
21 旅館の懇ろなもてなしに心が和んだ。
22 通夜の間しきりに目元を拭っていた。
23 武道の鍛錬で克己心を培う。
24 弔いの列は延々と続いた。
25 骨を接ぐ処置をうけた。
26 後から後から疑問が湧いてくる。
27 いかめしい面構えの男が訪ねてきた。
28 思いがけぬ大金を懐にした。
29 小舟が大波に弄ばれる。
30 血眼になって仕事を探す。

ウ 上の字が下の字を修飾しているもの　（**洋画**）
エ 下の字が上の字の目的語・補語になっているもの　（**着席**）
オ 上の字が下の字の意味を打ち消しているもの　（**非常**）

次の熟語は右の**ア～オ**のどれにあたるか、**一つ**選び、**記号にマーク**せよ。

1 尼僧
2 還元
3 早晩
4 叙任
5 不遜

6 逸脱
7 開廷
8 妄想
9 寡少
10 出納

ケ （ 9 ）皆伝
コ （ 10 ）済民

問2 次の11～15の**意味**にあてはまるものを**問1**の**ア～コの四字熟語**から**一つ**選び、**記号にマーク**せよ。

(**10**) 2×5

11 人々の生活に見られるうるわしいならわし。
12 着想や趣向が型破りで人々の耳目を驚かす。
13 天下に並ぶ者のいないすぐれた人物。
14 規律や刑罰などの非常に厳しいこと。
15 時と所を問わず適切とされること。

4

(五) 次の1～5の**対義語**、6～10の**類義語**を後の□の中から選び、**漢字**で記せ。□の中の語は一度だけ使うこと。 (20) 2×10

対義語

1 老巧

2 崇敬

3 清澄

4 純白

5 没落

類義語

6 奮戦

7 丹念

8 掃討

9 歳月

10 脅迫

いかく・おだく・かんとう
くちく・けいぶ・こういん
しっこく・ちせつ・ていねい
ぼっこう

(七) 次の各文にまちがって使われている**同じ読みの漢字**が**一字**ある。**上に誤字**を、**下に正しい漢字**を記せ。 (10) 2×5

1 漫画が原作の歌舞伎の公開舞台稽古があり原作の近未来的イメージと古典芸能を有和させた衣装を披露した。

2 ドイツ政府が熱心に推進してきた二大銀行合併構想が人員策減を危惧する労働組合の強硬な反対で頓挫した。

3 老齢の女性が行方不明になったが、操索の要請をうけて出動した警察犬二頭が迅速に発見した。

4 滅菌済みで備蓄に適した乳児用液体ミルクの需要が伸び、乳業各社が傘入体制を整えている。

5 インドネシアの洞窟の狩猟を描いた具象画は洞窟壁画発祥の地を欧州とする通説を変える可能性がある。

(八) 次の――線の**カタカナ**を**漢字一字**と**送りがな(ひらがな)**に直せ。 (10) 2×5

〈例〉 問題に**コタエル**。 答える

6 血で血を洗う**ソウゼツ**な戦いだった。

7 講和条約が議会で**ヒジュン**された。

8 **コクウ**の高みからタカが急降下した。

9 指揮官の**サイハイ**に従って行動する。

10 自然の恩恵を**キョウジュ**する。

11 **ヤッカイ**な事件に巻き込まれた。

12 重要書類に署名し**オウイン**した。

13 **ヒガタ**の生き物を観察する。

14 スイカの汁が口から**シタタ**る。

15 **フモト**の旅館を出て山頂に向かう。

㈥ 次の――線のカタカナを漢字に直せ。 (20) 2×10

1 未成年の子供をフヨウする。
2 景気をフヨウする策を講じる。
3 彼にはシュウチ心のかけらもない。
4 活動方針のシュウチ徹底を図る。
5 ショウレイのまれな難病だった。
6 県民にスポーツをショウレイする。
7 ユウシュウな成績を収めた。
8 戦に敗れユウシュウの身となる。
9 山のハに月が懸かる。
10 刀のハがこぼれる。

1 台風の影響で工事がトドコオル。
2 ハナハダシイ勘違いをしていた。
3 収容所からの脱走をクワダテていた。
4 自信が根底からクツガエサれた。
5 一族をスベル立場にあった。

㈨ 次の――線のカタカナを漢字に直せ。 (50) 2×25

1 カンダイな措置を切に願う。
2 ネンポウが昨年より一桁増えた。
3 トルストイの作品にケイトウする。
4 まず市長が開会のアイサツを述べた。
5 老舗のリョウテイで会食した。

16 アマグツを履いてきてよかった。
17 負けたクヤしさを忘れず練習する。
18 部長のカタワらで補佐役に徹した。
19 友人を失った悲しみで胸がフサがる。
20 殿様商売を続け破産のウき目を見た。
21 現会長が社のイシズエを築いた。
22 難関で有名な資格試験にイドむ。
23 キュウすれば通ず。
24 仲裁は時のウジガミ。
25 勝ってかぶとのオを締めよ。

▼解答は別冊8・9ページ

（一） 次の——線の**漢字の読み**を**ひらがな**で記せ。 (30) 1×30

1 国民の期待を青年たちが双肩に担う。
2 悠揚たる物腰で客人に応接する。
3 地方選で保守派の牙城を切り崩す。
4 医療需要の度合いを疾病別に調べる。
5 幕末の傑物たちの再評価を試みる。
6 紡織工場が軍需工場に転用された。
7 境内に清澄な水をたたえた池がある。
8 カタログの頒価を決める。
9 サービス精神の旺盛な喜劇人だった。
10 肝臓の解毒機能を高める食品をとる。
11 優秀な人材を長く渇望していた。
12 風鈴の音が涼感を誘う。
13 蓋然性の乏しい推測だった。
14 浪人中は叔父の家に厄介になった。

（二） 次の漢字の**部首**を記せ。 (10) 1×10

〈例〉 菜［艹］ 間［門］

1 爵　2 妥　3 貌　4 喪　5 斉
6 了　7 旦　8 凹　9 彰　10 克

（三） **熟語の構成**のしかたには次のようなものがある。 (20) 2×10

ア 同じような意味の漢字を重ねたもの （**岩石**）
イ 反対または対応の意味を表す字を重ねたもの （**高低**）

（四） 次の**四字熟語**について、**問1**と**問2**に答えよ。 (30)

問1 次の**四字熟語**の（1〜10）に入る適切な語を下の□の中から選び、**漢字二字**で記せ。 (20) 2×10

ア 合従（1）
イ 百八（2）
ウ 内疎（3）
エ 泰山（4）
オ 複雑（5）
カ （6）心小
キ （7）再拝
ク （8）吐唾

がいしん　かんこつ　きょうさ　こうてん　たき　たんだい　とんしゅ　ほくと　ぼんのう　れんこう

15 豪壮な構えの屋敷に招じ入れられた。
16 本塁打を放って一矢を報いた。
17 事故を装って保険金を詐取する。
18 竜巻の迫力ある映像に戦慄を覚える。
19 詩吟の声が響いてくる。
20 論文執筆の前に先行研究を渉猟する。
21 土壇場の逆転劇が観衆を熱狂させた。
22 周辺の民族は蛮族として蔑まれた。
23 因ってきたるところを明らかにする。
24 包帯にうっすらと血が染みてきた。
25 とんと諦める気配がない。
26 畝を立てて種芋を植える。
27 バス若しくは自転車で駅に行く。
28 友人の恵まれた境遇を羨ましく思う。
29 偽りの告白を頭から信じ込んでいた。
30 式典は厳かに執り行われた。

ウ 上の字が下の字を修飾しているもの （**洋画**）
エ 下の字が上の字の目的語・補語になっているもの （**着席**）
オ 上の字が下の字の意味を打ち消しているもの （**非常**）

次の熟語は右の**ア～オ**のどれにあたるか、**一つ**選び、**記号にマーク**せよ。

1 随意
2 未来
3 叱責
4 往還
5 施錠

6 長幼
7 憂患
8 酪農
9 逓増
10 上棟

ケ （ 9 ）扇動
コ （ 10 ）奪胎

問2 次の11～15の**意味**にあてはまるものを**問1**の**ア～コの四字熟語**から**一つ**選び、**記号にマーク**せよ。 (**10**) 2×5

11 人間が持っている多くの迷い。
12 状況を見て手を結んだり離れたりする。
13 物事が様々な問題にかかわり、込み入っていること。
14 相手への深い敬意を表す語。
15 その道の大家として仰ぎ尊ばれる人。

5

(五) 次の1～5の**対義語**、6～10の**類義語**を後の□の中から選び、**漢字**で記せ。□の中の語は一度だけ使うこと。 (20) 2×10

対義語

1 明瞭
2 下落
3 不足
4 斬新
5 巧妙

類義語

6 同輩
7 忘我
8 貧苦
9 絶壁
10 献上

あいまい・きんてい・こんきゅう
せつれつ・だんがい・ちんぷ
とうき・とうすい・どうりょう
よじょう

(七) 次の各文にまちがって使われている**同じ読みの漢字**が**一字**ある。**上に誤字**を、**下に正しい漢字**を記せ。 (10) 2×5

1 不祥事が相次いだ公営企業が社の経営体質を刷新するため創業以来初めて社長に民間からの人材を頭用した。

2 通販企業に市場を奪われ経営の悪化した米国有数の大手衣料品会社が日本や欧州からの徹退を宣言した。

3 就航以来の搭乗客数が類計で三千万人を突破した格安航空会社が全便で乗客に記念品を配って謝意を表した。

4 ブラジルでバスが乗っ取られ犯人は車内に老城して金を要求したが特殊部隊の狙撃手によって射殺された。

5 一人乗り小型船舶が横波を受け転覆し操従していた男性は一昼夜漂流した後、航行中の漁船に救助された。

(八) 次の——線の**カタカナ**を**漢字一字**と**送りがな(ひらがな)**に直せ。 (10) 2×5

〈例〉 問題に**コタエル**。 答える

6 **レイサイ**な町工場を経営する。
7 **キュウス**に茶葉を入れて湯を注ぐ。
8 奇襲をかけてきた敵を**クチク**する。
9 写真が惨状を**ニョジツ**に伝える。
10 **カンテイ**がインド洋に派遣された。
11 犯人は侵入の**コンセキ**を全て消した。
12 反対派の説得は**ナンジュウ**を極めた。
13 客人のために風呂を**ワ**かす。
14 店先で**クシ**に刺した団子を頬張った。
15 塚を築いて懇ろに**ホウム**った。

(六) 次の――線のカタカナを漢字に直せ。 (20) 2×10

1 桜の小枝を**カビン**に挿す。
2 音に**カビン**に反応する。

3 **ケイショウ**の肺炎で済んだ。
4 現代の風潮に**ケイショウ**を鳴らす。

5 **ロウ**せずして大金を得た。
6 駄弁を**ロウ**したことを謝する。

7 **カイキン**手当が支給された。
8 丈の短い**カイキン**シャツを着る。

9 蚕が**マユ**を作る。
10 粗暴な振る舞いに**マユ**をひそめる。

1 王に忠誠を**チカウ**。
2 自分自身を**イヤシメル**言動を避ける。
3 指が鍵盤の上を**ナメラカニ**動く。
4 タイヤの溝に小石が**ハサマッ**ている。
5 海峡が両岸の陸地を**ヘダテル**。

(九) 次の――線のカタカナを漢字に直せ。 (50) 2×25

1 **リンリ**にもとる行為を糾弾する。
2 地震で道路が**カンボツ**した。
3 勝敗に**コウデイ**せず全力を尽くす。
4 がんが自然に**チユ**した例を調べる。
5 山奥の**ユイショ**ある寺を訪ねる。

16 交通手段に**モッパ**らタクシーを使う。
17 ニシンの卵を**シオヅ**けにする。
18 手ごたえを感じて釣り糸を**タグ**った。
19 不法な食品の輸入を**ミズギワ**で防ぐ。
20 生まれつき負けるのが**キラ**いだった。
21 長年かけて語学力を**ツチカ**った。
22 協議して計画の**ワクグ**みを設定する。
23 **ミョウリ**に尽きる。
24 **カセ**ぐに追いつく貧乏なし。
25 毒をもって毒を**セイ**す。

▼解答は別冊10・11ページ

(一) 次の――線の**漢字の読み**を**ひらがな**で記せ。 (30) 1×30

1 悠揚迫らぬ態度に心底感服する。
2 晩年は閑雅な住まいに独居した。
3 百戦錬磨の古豪に一蹴された。
4 名人位の奪還を固く心に誓う。
5 国宝の建物が形骸も残さず焼失した。
6 地下資源が地球の一部に偏在する。
7 長年の計画を実践に移す。
8 今もって収拾のめどがつかない。
9 予備費で不足分を補塡した。
10 時代とともに風俗習慣が変遷する。
11 近頃、盆栽に凝っている。
12 古都の名刹を探訪する。
13 精神の平衡を保つよう努める。
14 会員相互の親睦を図る。

(二) 次の漢字の**部首**を記せ。 (10) 1×10

〈例〉 菜〔艹〕 間〔門〕

1 奔　2 塞　3 帥　4 斗　5 衷

6 寧　7 吏　8 戻　9 旋　10 賓

(三) **熟語の構成**のしかたには次のようなものがある。 (20) 2×10

ア 同じような意味の漢字を重ねたもの （**岩石**）
イ 反対または対応の意味を表す字を重ねたもの （**高低**）

(四) 次の**四字熟語**について、問1と問2に答えよ。 (30)

問1 次の**四字熟語**の（1〜10）に入る適切な語を下の□の中から選び、**漢字二字**で記せ。 (20) 2×10

ア 高論（1）
イ 玩物（2）
ウ 疾風（3）
エ 苛政（4）
オ 群雄（5）
カ （6）連理
キ （7）一声
ク （8）末節

かっきょ
こぐん
さんし
しよう
じんらい
そうし
だいかつ
たくせつ
ひよく
もうこ

15 ツバメが営巣する時季になった。
16 溝の汚泥を徹底して除去する。
17 見事に均斉がとれた体型をしている。
18 従容として死地に赴いた。
19 果実を圧搾してジュースを作る。
20 勉強を兼ねて英字新聞を購読する。
21 口幅ったいことを申し上げる。
22 彼女の神々しい美しさに打たれた。
23 偽のダイヤモンドと気づかなかった。
24 十年の間に町はすっかり寂れていた。
25 橋桁を渡す作業に取り掛かる。
26 磨き上げた剣技を披露する。
27 蜂が忙しく働いて花の蜜を集める。
28 観光船からあの名高い渦潮をみる。
29 全く仰せのとおりでございます。
30 絶交するか若しくは和解するか悩む。

6

ウ 上の字が下の字を修飾しているもの （**洋画**）
エ 下の字が上の字の目的語・補語になっているもの （**着席**）
オ 上の字が下の字の意味を打ち消しているもの （**非常**）

次の熟語は右の**ア～オ**のどれにあたるか、**一つ**選び、**記号にマーク**せよ。

1 争覇
2 剰余
3 公僕
4 衆寡
5 不遜
6 経緯
7 禁錮
8 忍苦
9 尚早
10 罷業

ケ （9）奮闘
コ （10）水明

問2 次の11～15の**意味**にあてはまるものを**問1**の**ア～コ**の**四字熟語**から**一つ**選び、**記号にマーク**せよ。 (10) 2×5

11 男女が極めてむつまじい関係にあること。
12 殊の外優れた意見。
13 取るに足りない事柄。
14 多くの実力者が互いに勢力を競うこと。
15 素早く激しいさま。

(五) 次の1～5の**対義語**、6～10の**類義語**を後の□の中から選び、**漢字**で記せ。□の中の語は一度だけ使うこと。 (20) 2×10

対義語

1 枯渇
2 愛護
3 偉大
4 混乱
5 横柄

類義語

6 学識
7 来歴
8 重病
9 根絶
10 互角

ぎゃくたい・けんきょ・ぞうけい
たいかん・ちつじょ・はくちゅう
ぼくめつ・ぼんよう・ゆいしょ
ゆうしゅつ

(七) 次の各文にまちがって使われている**同じ読みの漢字**が**一字**ある。**上に誤字**を、**下に正しい漢字**を記せ。 (10) 2×5

1 太陽光や電灯の光を吸収し、暗くなると光る特殊な素材で標識板を製作し非常時の避難融導に役立てる。

2 食物アレルギーは特定の食物の摂取後に生体を異物の侵入から防御する免益機能が過敏に働くことで起きる。

3 前方の車に追突する事故を未然に防ぐ自動ブレーキシステムを投載した乗用車が本格的に普及し始めた。

4 日本の古代の礎税の徴収形態や物流の実情を知る上で貴重な史料となる木簡が宮殿跡から大量に出土した。

5 古い、狭い、規則が厳しくて旧屈などといった従来のイメージを一掃する快適な現代風の学生寮が登場した。

(八) 次の——線の**カタカナ**を**漢字一字**と**送りがな(ひらがな)**に直せ。 (10) 2×5

〈例〉 問題に**コタエル**。 答える

6 その時は**ダトウ**な判断と思われた。

7 危うく**チョウハツ**に乗りかけた。

8 事件の本質を**ドウサツ**する。

9 病後の養生が**カンヨウ**だ。

10 長年の努力が作品に**ケッショウ**する。

11 敵地で**ユウシュウ**の身となる。

12 内輪もめが**オモテザタ**になった。

13 閣僚の暴言が物議を**カモ**した。

14 主人から過分な褒美を**タマワ**った。

15 戸の隙間から光が**モ**れている。

(六) 次の——線のカタカナを漢字に直せ。 (20) 2×10

1 西洋の名画をカンショウする。
2 早期退職カンショウを受け入れる。
3 首相がオウシュウ各国を歴訪する。
4 激しい議論のオウシュウが続く。
5 ジョウザイの胃薬を服用する。
6 ジョウザイで本堂を修繕する。
7 輝かしいショウガイの幕を閉じた。
8 ショウガイ致死の容疑で逮捕された。
9 肉親の愛情にウえる。
10 幼児の心に道徳観念をウえる。

1 機上から眼下の景色をナガメル。
2 申請の手続きがワズラワシカッた。
3 巧みに人形をアヤツル。
4 身をヒルガエシて姿を消した。
5 悪天候にハバマれて登頂を断念した。

(九) 次の——線のカタカナを漢字に直せ。 (50) 2×25

1 医学の進歩に多大なコウケンをした。
2 大海原をヨットがハンソウする。
3 議論のショウテンが絞られていない。
4 ヒヨクな国土に恵まれている。
5 農業試験場でシュビョウを育てる。

16 猫がツメで柱にきずをつけた。
17 ズボンの裾のホコロびを繕う。
18 弟子の不心得を懇々とサトす。
19 シブい柄の着物を好んで着る。
20 いとしい人のマボロシを見た。
21 ウヤウヤしく一礼して退席した。
22 上質のマユから絹糸を紡ぐ。
23 舌の根のカワかぬうち。
24 法廷でコクビャクを争う。
25 バキャクをあらわす。

▼解答は別冊12・13ページ

(一) 次の――線の**漢字の読み**を**ひらがな**で記せ。 (30) 1×30

1 均斉の取れた体つきをしている。
2 警察が証拠物を押収した。
3 施主の要望を入れて家の設計をする。
4 各地の自治体で制度改革が漸進する。
5 苛酷な運命が待ち受けていた。
6 オリーブを圧搾して油を採る。
7 師の崇高な精神に畏敬の念を抱く。
8 西欧近代の戯曲に造詣が深い。
9 毎月の医療費を累計する。
10 百科事典の凡例に目を通す。
11 楽界に一大旋風を巻き起こす。
12 初めて賜杯を手にして感涙にむせぶ。
13 裁判官が罷免の訴追を受けた。
14 ライバルの訃報に接し絶句する。

(二) 次の漢字の**部首**を記せ。 (10) 1×10

〈例〉 菜 [艹]　間 [門]

1 艶　2 音　3 丹　4 薫　5 扉
6 孔　7 衡　8 畝　9 羨　10 塁

(三) **熟語の構成**のしかたには次のようなものがある。 (20) 2×10

ア 同じような意味の漢字を重ねたもの (**岩石**)
イ 反対または対応の意味を表す字を重ねたもの (**高低**)

(四) 次の**四字熟語**について、問1と問2に答えよ。 (30)

問1 次の**四字熟語**の(1～10)に入る適切な語を下の□の中から選び、**漢字二字**で記せ。 (20) 2×10

ア 昼夜(1)
イ 飛花(2)
ウ 当意(3)
エ 綱紀(4)
オ 志操(5)
カ (6)万里
キ (7)不遜
ク (8)喝采

いちよう　うんでい　けんご　けんこう　ごうがん　さんし　しゅくせい　そくみょう　はくしゅ　らくよう

15 閑雅な庭に招じ入れられた。
16 語の意味を狭義に解釈する。
17 腎臓の移植手術を受ける。
18 時宜にかなった措置がとられた。
19 作者の繊細な感覚がよく表れている。
20 話題を呼んだ論文を抄録する。
21 脚立に上って電球を取り替える。
22 化けの皮が剝がれて慌てて退散した。
23 弟に克己心の大切さを諭す。
24 恥も外聞もなく貪るように食べた。
25 考え方が枠にはまっている。
26 詐欺まがいの際どい商売をする。
27 夕刻になって麓の村にたどりついた。
28 期待に反して評判が芳しくなかった。
29 社会にはびこる不正を忌む。
30 重要な案件は会議に諮って決める。

ウ 上の字が下の字を修飾しているもの （**洋画**）
エ 下の字が上の字の目的語・補語になっているもの （**着席**）
オ 上の字が下の字の意味を打ち消しているもの （**非常**）

次の熟語は右の**ア**〜**オ**のどれにあたるか、**一つ**選び、**記号にマーク**せよ。

1 順逆
2 渉猟
3 広漠
4 無謀
5 捻出

6 玩弄
7 任免
8 破戒
9 搭乗
10 逐次

ケ （ 9 ）来復
コ （ 10 ）水明

問2 次の11〜15の**意味**にあてはまるものを**問1**の**ア**〜**コ**の**四字熟語**から**一つ**選び、**記号にマーク**せよ。 (10) 2×5

11 乱れた規律を引き締めること。
12 はなはだしい差があること。
13 その場に応じてたちどころに機転を利かすさま。
14 良くないことが続いたあと事態が好転する。
15 風光がきよらかで美しいこと。

(五) 次の1〜5の**対義語**、6〜10の**類義語**を後の□の中から選び、**漢字**で記せ。□の中の語は一度だけ使うこと。 (20) 2×10

対義語

1 永遠
2 極端
3 陳腐
4 虚弱
5 一括

類義語

6 公表
7 沈着
8 無口
9 卓抜
10 堪忍

かもく・がんけん・かんべん
ざんしん・しゅういつ・せつな
たいぜん・ちゅうよう・ひろう
ぶんかつ

(七) 次の各文にまちがって使われている**同じ読みの漢字**が**一字**ある。**上に誤字**を、**下に正しい漢字**を記せ。 (10) 2×5

1 旧宗主国が、かつての従属国から本国に持ち去った文化財を返還するよう求める要勢に応える例が見られる。

2 経営難の鉄道会社が、赤字軽減策として高貨下を利用した野菜の栽培など畑違いの業種に参入している。

3 退職勧渉の際に精神的苦痛を受けたとして元社員が上司を訴えた裁判で、会社に慰謝料の支払いが命じられた。

4 湖畔に群生するヨシは水を醸化したり魚の産卵場所を提供したりするなど生態系の維持に重要な役目を負う。

5 賃貸住宅の契約時に渡す敷金は賃料等の債務を探保する目的の金銭で、原則として退去時に返金される。

(八) 次の——線の**カタカナ**を**漢字一字**と**送りがな（ひらがな）**に直せ。 (10) 2×5

〈例〉 問題に**コタエル**。 答える

6 ぜいたく**ザンマイ**で身代をつぶした。

7 **ミケン**に刀痕が残っている。

8 不正を極度に**ケンオ**する。

9 **ソウゴン**な鐘の音が市中に鳴り渡る。

10 支持する政党に**ケンキン**する。

11 公共施設の**カクジュウ**に努める。

12 旅路に疲れ**カイキョウ**の念を抱く。

13 乱雑を極める**ナヤ**の整頓をする。

14 **カシコ**く立ち回る才覚がなかった。

15 互いに軽く会釈を**カ**わした。

(六) 次の――線のカタカナを漢字に直せ。 (20) 2×10

1 隣家へのエンショウを食い止めた。
2 喉のエンショウが治まってきた。

3 トウキの人形を飾り棚に置く。
4 不法トウキが目に余る。

5 物腰にそこはかとないキヒンが漂う。
6 招待客をキヒン室に案内する。

7 ユウキュウ休暇を取って帰省する。
8 ユウキュウの昔に思いをはせる。

9 ゆで卵のカラをむく。
10 カラ草模様の風呂敷に包む。

1 神前にウヤウヤシク拝礼する。
2 かたくなに援助の申し出をコバンだ。
3 手をタズサエて困難を乗り越える。
4 ソソノカサれて違法行為に走る。
5 記事の中で実名をフセル。

(九) 次の――線のカタカナを漢字に直せ。 (50) 2×25

1 祝宴はセイカイの内に幕を閉じた。
2 市長選への立候補をダシンされた。
3 語学力ではヒケンする者がいない。
4 ハバツの領袖として影響力を及ぼす。
5 手術でビョウソウを切除する。

16 小兵とアナドって不覚を取った。
17 乾いた大地にスナアラシが吹く。
18 ツツシんで哀悼の意を表します。
19 アヤマちを認めて謝罪する。
20 ブラウスのエリの染み抜きをする。
21 都会のカタスミでひっそりと暮らす。
22 日本最北のミサキを訪れた。
23 ケる馬も乗り手次第。
24 テンテキ石をうがつ。
25 豚にシンジュ。

▼解答は別冊14・15ページ

7

(一) 次の――線の**漢字の読み**を**ひらがな**で記せ。 (30) 1×30

1 墓の周りに砕石が敷かれている。
2 五色の短冊に願いを込める。
3 国に損害の補償を求める。
4 野心がついえ自嘲の笑いを浮かべる。
5 軽く会釈を返して通り過ぎた。
6 まだ三歳の頑是ない幼女だった。
7 奇怪なうわさが流布していた。
8 どうあっても堪忍ならない。
9 先輩に軽侮の念を抱くようになった。
10 町を見下ろす丘に城塞の跡がある。
11 両棋士が碁盤を挟んで向かい合う。
12 彼に昔日の面影はなかった。
13 故人の一面を語る挿話を紹介する。
14 常に他人を傲然と見下していた。

(二) 次の漢字の**部首**を記せ。 (10) 1×10

〈例〉 菜 〔艹〕 間 〔門〕

1 老
2 般
3 魂
4 凸
5 呈
6 戴
7 亀
8 賓
9 徹
10 且

(三) **熟語の構成**のしかたには次のようなものがある。 (20) 2×10

ア 同じような意味の漢字を重ねたもの （**岩石**）
イ 反対または対応の意味を表す字を重ねたもの （**高低**）

(四) 次の**四字熟語**について、**問1**と**問2**に答えよ。 (30)

問1 次の**四字熟語**の（1～10）に入る適切な語を下の□の中から選び、**漢字二字**で記せ。 (20) 2×10

ア 朝三（1）
イ 異端（2）
ウ 雲水（3）
エ 放歌（4）
オ 徒手（5）
カ （6）無稽
キ （7）協同
ク （8）亡羊

あんぎゃ
かじん
くうけん
こうぎん
こうとう
じゃせつ
しゅかく
たき
ぼし
わちゅう

15 現社長は創業者の薫陶を受けている。
16 衆寡敵せずとあっさり退却に転じた。
17 語彙の貧弱さを自覚した。
18 宴席で手品の腕前を披露する。
19 試験の結果が逐次発表される。
20 公金を拐帯して行方をくらました。
21 見事な試合運びで初陣を飾った。
22 言うことなすこと非常識も甚だしい。
23 藍を溶かしたような海にこぎ出す。
24 大乱を平定して国を統べる。
25 激流と化した川が橋桁を押し流した。
26 週刊誌が政治家の醜聞を暴く。
27 友の才能を妬む自分を嫌悪する。
28 学問の道は窮まるところがなかった。
29 貿易を巡って両国の溝が深まった。
30 見る影もなく町は寂れていた。

ウ 上の字が下の字を修飾しているもの　（**洋画**）

エ 下の字が上の字の目的語・補語になっているもの　（**着席**）

オ 上の字が下の字の意味を打ち消しているもの　（**非常**）

次の熟語は右の**ア〜オ**のどれにあたるか、**一つ**選び、**記号にマーク**せよ。

1 過誤
2 授受
3 財閥
4 伴侶
5 赴任

6 因果
7 碑銘
8 不肖
9 融解
10 争覇

ケ （9）薄命
コ （10）転倒

問2 次の11〜15の**意味**にあてはまるものを**問1**の**ア〜コ**の**四字熟語**から**一つ**選び、**記号にマーク**せよ。 **(10)** 2×5

11 根も葉もないこと。
12 ものごとの順位や立場が逆になること。
13 選択肢がいくつもあって迷うこと。
14 正統から外れている思想や信仰。
15 我が身のほかに何一つ頼れるもののないこと。

8

(五) 次の1〜5の**対義語**、6〜10の**類義語**を後の□の中から選び、**漢字**で記せ。□の中の語は一度だけ使うこと。 (20) 2×10

対義語

1 狭量

2 賢明

3 固辞

4 名誉

5 炎暑

類義語

6 調停

7 卓抜

8 泰平

9 永眠

10 固守

あんねい・かいだく・かんだい ぐまい・けっしゅつ・こっかん せいきょ・ちじょく・ちゅうさい ぼくしゅ

(七) 次の各文にまちがって使われている**同じ読みの漢字**が**一字**ある。**上に誤字**を、**下に正しい漢字**を記せ。 (10) 2×5

1 腸内細菌の代謝により生成される物質に糖尿病の証状を抑える機能があることを研究チームが明らかにした。

2 ブラジルで許可なく昆虫を国外に持ち出そうとした日本人が搭乗直前に税関に敵発されその場で逮捕された。

3 登山道を進み原生林を抜け頂上に到達すると展望台からは名だたる山々の連なる雄大な超望を満喫できる。

4 日本最大級の縄文集落跡で出土した住居や墓などの遺耕から当時の自然環境や生活の変遷が明らかになった。

5 体長十センチほどの小さな体ながら唾液腺に妄毒を含む危険なタコが西日本に広く生息している。

(八) 次の——線の**カタカナ**を**漢字一字**と**送りがな(ひらがな)**に直せ。 (10) 2×5

〈例〉 問題に**コタエル**。 答える

6 互いに**キョウキン**を開いて語り合う。

7 会場に**バンライ**の拍手が鳴り響いた。

8 巨額の**ワイロ**を受け取っていた。

9 貴重な文献が**サンイツ**する虞がある。

10 童話にこびとや**ヨウセイ**が登場する。

11 長年の**ケンアン**事項が解決した。

12 旅券を**ギゾウ**して国外に逃亡した。

13 迷惑をかけて**スズ**しい顔をしている。

14 土地の名物料理に**シタツヅミ**を打つ。

15 城の周囲に**ホリ**が巡らせてある。

（六） 次の――線のカタカナを漢字に直せ。（20）2×10

1 機械のソウサに慣れる。
2 事件のソウサが難航する。

3 寄付をして税のコウジョを受ける。
4 コウジョ良俗に反する行為を戒める。

5 大洪水のサンカを被る。
6 大手企業のサンカに入る。

7 自宅キンシンを命じられた。
8 キンシン者のみで法要を営む。

9 熟した梅の実をスに漬ける。
10 鳥や獣がスに籠もる。

1 銀行が融資をシブッている。
2 危うく類焼をマヌカレた。
3 休日の広場で人々がイコウ。
4 急速な経済発展をトゲル。
5 ナツカシイ流行歌が流れてくる。

（九） 次の――線のカタカナを漢字に直せ。（50）2×25

1 かつてないソウダイな城郭を築く。
2 人は基本的人権をキョウユウする。
3 遅刻した理由をキツモンされた。
4 ケイチョウ兼用の礼服をあつらえる。
5 町長選への出馬をコンセイされた。

16 古美術のメキきでは人後に落ちない。
17 巨大な壁画の制作に歳月をツイやす。
18 シモバシラを踏んで早朝の道を歩く。
19 コロアいを見て用件を切り出す。
20 昇降口でウワグツに履き替える。
21 身長がヒトキワ高くて目立つ。
22 古式ゆかしくカグラが奉納される。
23 臭いものにフタをする。
24 柔よくゴウを制す。
25 タイガンの火事。

▼解答は別冊16・17ページ

8

(一) 次の――線の**漢字の読み**を**ひらがな**で記せ。 (30) 1×30

1 大企業の傘下に入ることを選択する。
2 事件の渦中に巻き込まれていた。
3 教授法が寛厳よろしきを得ている。
4 世上に様々な臆説が飛び交う。
5 沼沢に生息する水鳥を観察する。
6 中国伝来の乾漆の技法を用いている。
7 ハトの帰巣本能を通信に利用する。
8 芝生に寝そべって四肢を伸ばす。
9 煩雑な事務の処理に手間取った。
10 どこまでも緑の沃野が広がる。
11 問診票に既往症を記入した。
12 食器を熱湯で煮沸して消毒する。
13 辣腕で知られる弁護士に依頼した。
14 現状を肯定する意見が多かった。

(二) 次の漢字の**部首**を記せ。 (10) 1×10

〈例〉 菜〔艹〕 間〔門〕

1 巾
2 弔
3 刃
4 甚
5 真
6 丙
7 隷
8 衰
9 致
10 辱

(三) **熟語の構成**のしかたには次のようなものがある。 (20) 2×10

ア 同じような意味の漢字を重ねたもの　（**岩石**）
イ 反対または対応の意味を表す字を重ねたもの　（**高低**）

(四) 次の**四字熟語**について、問1と問2に答えよ。 (30)

問1 次の**四字熟語**の（1〜10）に入る適切な語を下の□の中から選び、**漢字二字**で記せ。 (20) 2×10

ア 刻苦（ 1 ）
イ 生生（ 2 ）
ウ 精進（ 3 ）
エ 天衣（ 4 ）
オ 当代（ 5 ）
カ （ 6 ）末節
キ （ 7 ）積玉
ク （ 8 ）玩味

ききゅう　けっさい　けんにん　じゅくどく　しよう　ずいいち　たいきん　べんれい　むほう　るてん

15 海外遠征チームの壮行会を開く。
16 突然指名されて頓狂な声をあげた。
17 親書を携えて国王に拝謁する。
18 母の愚痴を一度も聞いたことがない。
19 玄関の格子戸が開いて奥に通された。
20 僅かな閑暇を得て温泉に出かけた。
21 十円未満の端数を切り捨てる。
22 子供のしぐさに思わず口元が綻んだ。
23 医師の処置は迅速且つ適切だった。
24 熱帯の花が妖しい美しさをはなつ。
25 母校の名を辱めない戦いぶりだった。
26 それぞれの思惑が絡まっている。
27 唆されて悪事に走った。
28 狙いは悪くないがやり方がまずい。
29 部屋の隅々まで掃除する。
30 友の墓前に花を手向ける。

ウ 上の字が下の字を修飾しているもの　（洋画）
エ 下の字が上の字の目的語・補語になっているもの　（着席）
オ 上の字が下の字の意味を打ち消しているもの　（非常）

次の熟語は右のア～オのどれにあたるか、**一つ**選び、**記号にマーク**せよ。

1 枢要
2 禁錮
3 去就
4 釣果
5 享楽
6 孤塁
7 点滅
8 叙情
9 未到
10 逓減

ケ （9）存亡
コ （10）不抜

問2
次の11～15の**意味**にあてはまるものを**問1**の**ア～コの四字熟語**から**一つ**選び、**記号にマーク**せよ。
(10)
2×5

11 文章の意味内容や表現の美を十分に理解し感じ取る。
12 詩文に技巧のあとがなく極めて自然で美しいこと。
13 じっと耐えて動揺しない。
14 飲食や行動をつつしんで心身をきよめること。
15 巨富を築くこと。

(五) 次の1〜5の**対義語**、6〜10の**類義語**を後の□の中から選び、**漢字**で記せ。□の中の語は一度だけ使うこと。 (20) 2×10

対義語

1 発病
2 覚醒
3 過激
4 哀悼
5 横柄

類義語

6 縁者
7 解任
8 抜粋
9 混乱
10 譲歩

おんけん・けいが・けんきょ
さいみん・しょうろく・しんせき
だきょう・ちゆ・ひめん
ふんきゅう

(七) 次の各文にまちがって使われている**同じ読みの漢字**が**一字**ある。**上に誤字**を、**下に正しい漢字**を記せ。 (10) 2×5

1 先史時代の洞窟から人が裂け目を入れた鹿の骨が見つかり、人類が動物の骨髄を食べていた痕積と見られる。
2 ペットの遺棄や殺傷など漸増する動物虐待事件の多くは市民からの通報が操査の端緒となった。
3 日本で初めて肢体不自由児の養護施設を私財を到じて開設し、障害児教育に生涯をささげた女優が死去した。
4 陳列棚の宝石を顧客に見せた後、施錠を忘れた僅かの隙をつかれて数億円相当の切盗被害に遭った。
5 深海底の玄武岩の亀裂を埋める粘土にヒトの腸に必敵する程の高密度で微生物が存在することが確認された。

(八) 次の――線の**カタカナ**を**漢字一字**と**送りがな（ひらがな）**に直せ。 (10) 2×5

〈例〉 問題に**コタエル**。 答える

6 知人の結婚に**ごシュウギ**を包む。
7 消費者が**コウバイ**意欲をあおられる。
8 練りに練った**フクアン**を会議で示す。
9 高級車が**ゴウテイ**に入っていった。
10 話が低劣で耳に**セン**をしたくなる。
11 試合中の事故で**セキツイ**を損傷した。
12 部首**サクイン**で漢字を探す。
13 **チャガマ**の湯がたぎっている。
14 犯した罪を一生かけて**ツグナ**う。
15 第一審の判決が**クツガエ**った。

(六) 次の――線のカタカナを漢字に直せ。 (20) 2×10

1 ゴールに向かってシッソウする。
2 兄がシッソウして五年になる。
3 両軍の戦力はハクチュウしている。
4 ハクチュウ堂々と銀行を襲撃した。
5 切り立ったダンガイに立つ。
6 役人の汚職をダンガイする。
7 ホンポウな生き方を貫いた。
8 ホンポウ初公開の映画を見る。
9 ろうそくのホ影がゆれる。
10 朝の海に幾つかホ影が浮かんでいる。

1 声をヤワラゲて話しかけた。
2 猫がなぜか父にはナツカない。
3 銃声が市民を恐怖にオトシイレた。
4 ネクタイの好みがシブイ。
5 素知らぬ顔でその場をツクロッた。

(九) 次の――線のカタカナを漢字に直せ。 (50) 2×25

1 フメンを見ずにピアノをひく。
2 家賃の支払いをトクソクされた。
3 先代のヨクンを被り店が繁盛する。
4 独自の教育理論をジッセンに移す。
5 ザンシンなデザインが注目を浴びる。

16 遠来の客をネンゴろにもてなす。
17 ハグキが炎症を起こしている。
18 ドロナワ式の対応をする。
19 クラヤミの中を手探りで進む。
20 時間をサいて足を運んでくれた。
21 凶作で人々がウえに苦しむ。
22 病に倒れ惜しまれつつイった。
23 ヤナギに雪折れなし。
24 イキドオりを発して食を忘る。
25 ハチクの勢い。

▼解答は別冊18・19ページ

9

（一）次の――線の**漢字の読み**を**ひらがな**で記せ。 (30) 1×30

1 閣僚としての責務を果たした。
2 神への畏敬の念を心の内奥に秘める。
3 脊椎が変形して神経を圧迫する。
4 公文書に記名し押印する。
5 時代の奔流にのまれる。
6 遠からず還暦を迎える。
7 胆汁が逆流し食道炎を引き起こした。
8 大仏の開眼供養が執り行われた。
9 荘重な葬送曲が会堂に響きわたる。
10 秀逸なストーリー展開に感嘆した。
11 勝利を決する殊勲のゴールを奪った。
12 人倫に背く行為を指弾する。
13 温暖化が泥炭地の乾燥を促す。
14 職工六百人余りが同盟罷業に入った。

（二）次の漢字の**部首**を記せ。 (10) 1×10

〈例〉菜 〔艹〕 間 〔門〕

1 亭
2 呉
3 軟
4 再
5 毀
6 死
7 摩
8 麻
9 企
10 勾

（三）**熟語の構成**のしかたには次のようなものがある。 (20) 2×10

ア 同じような意味の漢字を重ねたもの（**岩石**）
イ 反対または対応の意味を表す字を重ねたもの（**高低**）

（四）次の**四字熟語**について、問1と問2に答えよ。 (30)

問1 次の**四字熟語**の（1〜10）に入る適切な語を下の□の中から選び、**漢字二字**で記せ。 (20) 2×10

ア 優勝（1）
イ 古今（2）
ウ 抑揚（3）
エ 容姿（4）
オ 夏炉（5）
カ （6）牛後
キ （7）分別
ク （8）瓦解

いかん
けいこう
しりょ
たんれい
とうせん
どほう
とんざ
まんげん
むそう
れっぱい

15 駅構内で定期券を拾得した。

16 遡上してくるサケで川が盛り上がる。

17 精緻を極めた文様が織り出してある。

18 難詰するような口調で問いかけた。

19 参道の灯籠に火を入れる。

20 猟銃に弾を充塡して獲物を待つ。

21 子供たちを慈しみ育てる。

22 改宗しない人々を容赦なく虐げた。

23 蛇が鎌首をもたげている。

24 ドアに手紙が挟まっていた。

25 戯れにこんな物語を書いてみた。

26 論戦の火蓋が切られた。

27 赤ん坊に産湯を使わせる。

28 三選手がゴール前で激しく競る。

29 自分の地位が脅かされるのを恐れる。

30 本殿の隣に神楽殿があった。

ウ 上の字が下の字を修飾しているもの　（**洋画**）

エ 下の字が上の字の目的語・補語になっているもの　（**着席**）

オ 上の字が下の字の意味を打ち消しているもの　（**非常**）

次の熟語は右の**ア～オ**のどれにあたるか、**一つ**選び、**記号にマーク**せよ。

1 弾劾

2 禍福

3 不浄

4 遵法

5 旦夕

6 徹宵

7 諭旨

8 顕在

9 余韻

10 氾濫

ケ （ 9 ）放語

コ （ 10 ）千万

問2 次の11～15の**意味**にあてはまるものを**問1のア～コの四字熟語**から**一つ**選び、**記号にマーク**せよ。

(10) 2×5

11 見目かたちが整っていて美しい。

12 ものの役に立たないもの。

13 比肩するものがいたためしがない。

14 文や声の調子に高低、緩急の変化をつける。

15 ばらばらにこわれてくだける。

10

(五) 次の1～5の**対義語**、6～10の**類義語**を後の□の中から選び、**漢字**で記せ。□の中の語は一度だけ使うこと。 (20) 2×10

対義語

1 哀悼
2 絶賛
3 富裕
4 興隆
5 概略

類義語

6 寄与
7 全治
8 猛者
9 積算
10 屋敷

いさい・けいしゅく・ごうけつ・こうけん・すいび・ていたく・ばとう・ひんきゅう・へいゆ・るいけい

(七) 次の各文にまちがって使われている**同じ読みの漢字**が**一字**ある。**上に誤字**を、**下に正しい漢字**を記せ。 (10) 2×5

1 強力な統率力と機略縦横の戦術の才を兼ね備えた胆大心小のサッカー監督が上層部と障突して退任する。

2 米国で、銃所持の権利要護を訴える団体の有力メンバーの女性が息子の誤射した銃弾を受け負傷した。

3 発掘調査で焼け焦げた瓦や家財道具を排棄した穴が見つかり、江戸期の大火の痕跡であることが確認された。

4 嗅覚の英敏さなどを武器に捜査活動を助ける警察犬の九割弱は民間で飼育され警察の要請に応じて出動する。

5 食料価格の高騰や外貨不足など国内経済が悪化するスーダンで公立動物園のライオンが飢餓状態にある。

(八) 次の――線の**カタカナ**を**漢字一字**と**送りがな（ひらがな）**に直せ。 (10) 2×5

〈例〉 問題に**コタエル**。 答える

6 現今の諸問題を**ホウカツ**して述べる。

7 **コウキン**加工されたまな板を使う。

8 うわさの**シンギ**の程は定かではない。

9 株を売って資金を**ネンシュツ**した。

10 紛失した図書の**ベンショウ**をする。

11 反対派の**カイジュウ**を画策する。

12 敵の悪辣極まる陰謀を**フンサイ**する。

13 警察の手を**ワズラ**わすことになった。

14 馬が**ハナヅラ**を肩に押しつけてきた。

15 父が怒るのも**ユエ**なしとしない。

(六) 次の――線のカタカナを漢字に直せ。 (20) 2×10

1 コウテツの扉に侵入を阻まれる。
2 不祥事で大臣がコウテツされた。

3 被疑者の身柄をコウソクする。
4 心筋コウソクを発症する。

5 多くのセンパクが航行する。
6 センパクな知識を振り回す。

7 当店キンセイの和菓子でございます。
8 男子キンセイの寮に住んでいる。

9 タオルで顔をフく。
10 臆病風にフかれる。

1 何度大損してもコリルことがない。
2 希望に胸がフクラム。
3 彼の好意がかえってウトマシイ。
4 キタエレば必ずものになるだろう。
5 考え方が甚だしくカタヨッている。

(九) 次の――線のカタカナを漢字に直せ。 (50) 2×25

1 こざかしさよりもグチョクを尊ぶ。
2 カブンにして存じません。
3 市場が活況をテイする。
4 オウヒが男子を出産した。
5 試合中に肩をダッキュウした。

16 清澄な湧き水で酒をカモす。
17 タダし書きが目に入らなかった。
18 工事には技術的な困難がトモナった。
19 至る所に春のキザしが見える。
20 ヒザを交えて心ゆくまで話し合う。
21 まぶたが赤くハれるほど泣いた。
22 マドギワで猫が外を眺めている。
23 覆水ボンに返らず。
24 反旗をヒルガエす。
25 二の句がツげない。

▼解答は別冊20・21ページ

(一) 次の――線の**漢字の読み**を**ひらがな**で記せ。 (30) 1×30

1 群青の空が果てしなく広がる。
2 世情を風刺した一文が筆禍を招いた。
3 市井の人々の暮らしぶりを活写する。
4 誰にもつげず払暁に出立した。
5 拳銃を空に向けて威嚇射撃した。
6 大軍を擁して敵地に向かう。
7 狭小な敷地に十階建てのビルが建つ。
8 自室に籠城して論文を仕上げる。
9 収入が途絶えて生活が窮乏した。
10 姻戚関係にある人物の力を借りた。
11 気管は繊毛運動で異物を排出する。
12 出版社を名誉毀損で訴える。
13 長年温めてきた考えを実践に移す。
14 澄明な山上の空気を胸いっぱい吸う。

(二) 次の漢字の**部首**を記せ。 (10) 1×10

〈例〉 菜 〔艹〕 間 〔門〕

1 褒
2 竜
3 罵
4 献
5 串
6 兆
7 虞
8 髪
9 韻
10 弊

(三) **熟語の構成**のしかたには次のようなものがある。 (20) 2×10

ア 同じような意味の漢字を重ねたもの (**岩石**)
イ 反対または対応の意味を表す字を重ねたもの (**高低**)

(四) 次の**四字熟語**について、**問1**と**問2**に答えよ。 (30)

問1 次の**四字熟語**の(1～10)に入る適切な語を下の□の中から選び、**漢字二字**で記せ。 (20) 2×10

ア 春日(1)
イ 快刀(2)
ウ 錦衣(3)
エ 気炎(4)
オ 栄枯(5)
カ (6)顕正
キ (7)大事
ク (8)変化

ぎょくしょく
こうがん
ごしょう
こんせつ
せいすい
ちち
はじゃ
ばんじょう
ようかい
らんま

15 不遜な態度を改めるよう諭された。
16 季刊の句誌を購読している。
17 何年も自宅に軟禁されていた。
18 行く手に荒漠たる原野が続いていた。
19 患者は喉の痛みと悪寒を訴えた。
20 青年の質朴な話しぶりに好感を抱く。
21 抜群の手綱さばきで会社を経営する。
22 身勝手が過ぎて皆に疎まれる。
23 庭の梅の花が綻び始めた。
24 机の脚に思いきり膝頭をぶつけた。
25 泥縄式の対応が住民の批判を浴びる。
26 産着を準備して出産の日を待つ。
27 人垣をかき分けて進む。
28 年端もいかぬ子に説教する。
29 裸一貫から会社を興した。
30 憂さ晴らしに酒場に立ち寄る。

ウ 上の字が下の字を修飾しているもの（**洋画**）
エ 下の字が上の字の目的語・補語になっているもの（**着席**）
オ 上の字が下の字の意味を打ち消しているもの（**非常**）

次の熟語は右の**ア～オ**のどれにあたるか、**一つ**選び、**記号にマーク**せよ。

1 弔辞
2 隠蔽
3 叙勲
4 赦免
5 繁閑
6 明滅
7 折衷
8 未婚
9 覇権
10 創始

ケ （ 9 ）無恥
コ （ 10 ）丁寧

問2 次の11～15の**意味**にあてはまるものを**問1**の**ア～コ**の**四字熟語**から**一つ**選び、**記号にマーク**せよ。 **(10)** 2×5

11 ぜいたくなくらし。
12 物事の是非善悪、理非曲直を明らかにする。
13 ずうずうしいさま。
14 もつれた物事を鮮やかに解決すること。
15 この上もなく威勢がよい。

11

(五) 次の1〜5の**対義語**、6〜10の**類義語**を後の□の中から選び、**漢字**で記せ。□の中の語は一度だけ使うこと。 (20) 2×10

対義語

1 凡才
2 畏敬
3 進出
4 獲得
5 率先

類義語

6 長者
7 荘重
8 筋道
9 気分
10 工面

いつざい・きげん・げんしゅく
そうしつ・ついずい・てったい
ねんしゅつ・ふごう・ぶべつ
みゃくらく

(七) 次の各文にまちがって使われている**同じ読みの漢字**が**一字**ある。**上に誤字**を、**下に正しい漢字**を記せ。 (10) 2×5

1 ブルガリアで内閣総辞職を求める抗議デモが起き、首相は主要閣了の更迭を発表したが収束の兆しはない。
2 昭和十一年招致に成功した東京五輪は戦争と政治に奔弄され開催国日本が自ら返上して幻の大会に終わった。
3 商品搬送の運転手の確保に苦しむコンビニ大手三社が同じトラックを利用する配送の新しい方式を模策する。
4 顧客の口座から多額の預金を引き出し、取引先への融資に充てていた信用組合の支店長が超戒解雇された。
5 米国主導の有人月探差計画への参加には巨額の費用がかかり国の宇宙科学予算を圧迫することが懸念される。

(八) 次の――線の**カタカナ**を**漢字一字**と**送りがな(ひらがな)**に直せ。 (10) 2×5

〈例〉 問題に**コタエル**。 答える

6 良性の**シュヨウ**と診断された。
7 亡君に**ジュンシ**する家臣が続出した。
8 ゴムボートで**ケイリュウ**を下る。
9 コレラの**ボウエキ**対策を講じる。
10 野菜の価格が**キュウトウ**した。
11 県下の学校が**イッセイ**に休校する。
12 自慢の**ボンサイ**を眺めて悦に入る。
13 **ウス**ときねで餅をつく。
14 一円の金もなく**ミジ**めな思いをした。
15 **ウネ**を作ってナスの苗を植える。

（六）次の――線のカタカナを漢字に直せ。（20）2×10

1 収益の一部を社会にカンゲンする。
2 うっかりカンゲンに乗せられた。

3 亡き恩師のソウレツに加わった。
4 ソウレツな最期を遂げた。

5 口頭でホソク説明をする。
6 不審な船がレーダーでホソクされた。

7 手配写真の男にコクジしている。
8 選挙の投票日がコクジされた。

9 境内の落ち葉をハく。
10 ヒールの高い靴をハく。

1 古来の習わしがスタレてきた。
2 体よく会長にタテマツラれる。
3 皆に着席するようウナガシた。
4 彼女のウルワシイ歌声が心を奪った。
5 潮風で小屋のトタン屋根がクチル。

（九）次の――線のカタカナを漢字に直せ。（50）2×25

1 山中のソウナン現場に向かう。
2 紅茶を入れたスイトウを持参する。
3 敵をヒョウロウ攻めにする。
4 怠慢な部下をシッセキした。
5 ロウニャク男女が踊りの輪に加わる。

16 恥ずかしがって頬をホテらせる。
17 余儀なくイソウロウの身となった。
18 事故の原因はワキミ運転だった。
19 問屋が小売商に品物をオロす。
20 アワれな拝金主義者に成り果てた。
21 パート従業員が販売業務をマカナう。
22 近代国家のモトイを築く。
23 沈黙は金、ユウベンは銀。
24 ケイセツの功を積む。
25 座右のメイ。

▼解答は別冊22・23ページ

(一) 次の――線の漢字の読みをひらがなで記せ。 (30) 1×30

1 資金の調達に狂奔する。
2 椎間板ヘルニアを患っている。
3 荘厳な儀式が型通りに執り行われた。
4 政府が直轄して治水事業を行う。
5 具体的な方策は以下に詳述する。
6 貴重なご意見を頂き幸甚に存じます。
7 年貢の減免を求めて直訴した。
8 相互扶助の精神に基づいて行動する。
9 内閣が瓦解の危機に直面する。
10 将来に禍根を残すことになった。
11 論文の梗概を書いて提出する。
12 自らの罪業を背負って生きる。
13 一級河川の氾濫の頻度を調べる。
14 レーダーに敵国の航空機を捕捉した。

(二) 次の漢字の部首を記せ。 (10) 1×10

〈例〉 菜［艹］ 間［門］

1 羞
2 尉
3 泰
4 既
5 缶
6 崇
7 栽
8 煩
9 吏
10 歴

(三) 熟語の構成のしかたには次のようなものがある。 (20) 2×10

ア 同じような意味の漢字を重ねたもの （岩石）
イ 反対または対応の意味を表す字を重ねたもの （高低）

(四) 次の四字熟語について、問1と問2に答えよ。 (30)

問1 次の四字熟語の（1～10）に入る適切な語を下の□の中から選び、漢字二字で記せ。 (20) 2×10

ア 朝令（1）
イ 要害（2）
ウ 熱願（3）
エ 意気（4）
オ 文人（5）
カ （6）自在
キ （7）徒食
ク （8）瞭然

いちもく
かぶ
かんきゅう
かんぎゅう
けんご
しょうてん
ぼかい
ぼっかく
むい
れいてい

15 名状しがたい嫌悪の情を覚える。
16 情状をくんで諭旨免職とする。
17 予選で敗退して自信を喪失した。
18 園児一人一人に満遍なく声をかける。
19 眼光紙背に徹する古典学者だった。
20 有袋類に属する動物を図鑑で調べる。
21 策を巡らして政敵を陥れる。
22 桜を接ぎ木で増やす。
23 外壁に艶消し塗装を施す。
24 何もかも闇から闇に葬られた。
25 過去の類似の事件の判例に倣う。
26 ご愛顧を賜り感謝に堪えません。
27 誰にも頼らず肩肘張って生きてきた。
28 夜空に瞬く星を数える。
29 否み得ない事実を突きつけられた。
30 陳列された珍品に生唾をのみ込む。

ウ 上の字が下の字を修飾しているもの（**洋画**）
エ 下の字が上の字の目的語・補語になっているもの（**着席**）
オ 上の字が下の字の意味を打ち消しているもの（**非常**）

次の熟語は右の**ア〜オ**のどれにあたるか、**一つ**選び、**記号にマーク**せよ。

1 汎用
2 衆寡
3 不惑
4 擬似
5 収賄

6 贈答
7 忍苦
8 繊毛
9 愉悦
10 痛快

ケ（9）充棟
コ（10）音曲

問2 次の11〜15の**意味**にあてはまるものを**問1**の**ア〜コ**の**四字熟語**から**一つ**選び、**記号にマーク**せよ。

(10) 2×5

11 何をするでもなくむだに日を送ること。
12 地勢が険しくて攻めにくく守りやすいこと。
13 闘志、威勢の極めて盛んなさま。
14 蔵書があきれるほど多いことの形容。
15 単調を避けて巧みに変化を加える。

(五) 次の1〜5の**対義語**、6〜10の**類義語**を後の□の中から選び、**漢字**で記せ。□の中の語は一度だけ使うこと。 (20) 2×10

対義語

1 決裂
2 古豪
3 愛護
4 貫徹
5 遅鈍

類義語

6 順次
7 考慮
8 祝福
9 昼寝
10 万全

かんぺき・ぎゃくたい・けいが
ごすい・ざせつ・しゃくりょう
しゅんびん・しんえい・だけつ
ちくじ

(七) 次の各文にまちがって使われている**同じ読みの漢字**が**一字**ある。**上に誤字**を、**下に正しい漢字**を記せ。 (10) 2×5

1 植物の受粉を培介する蜂などの昆虫が減り、代わりに花粉を混ぜたシャボン玉を飛ばして人工授粉を試みた。
2 長期にわたり休業している店舗を狙い夜間に侵入して窃盗を働く犯罪が、都市の煩華街で増えている。
3 農業用・工業用資源として不過欠で、国内では自給できないリンを下水汚泥から回収して再利用する。
4 白亜紀のウミガメの化石を分析調査すると甲羅に二枚貝が穴を開け共生していた根跡が見つかった。
5 検察庁は、架空の在宅医療で診療報収を請求し約二千万円を詐取した医師らを詐欺などの罪で起訴した。

(八) 次の――線の**カタカナ**を**漢字一字**と**送りがな(ひらがな)**に直せ。 (10) 2×5

〈例〉 問題に**コタエル**。 答える

6 **シュヒン**から挨拶の言葉を頂戴する。
7 山奥の**ドウクツ**を恐る恐る探検した。
8 会社から退職**カンショウ**を受けた。
9 旅の空で**キョウシュウ**に駆られる。
10 **ダボク**傷の患部に湿布する。
11 ごみ捨て場が**イシュウ**を放っている。
12 仏教**ハッショウ**の地を訪れる。
13 **カマ**を掛けて本音を引き出す。
14 酒を飲んで日々の**ウ**さを晴らす。
15 人混みを**ヌ**って歩く。

(六) 次の――線のカタカナを漢字に直せ。 (20) 2×10

1 議案をイッカツ審議する。
2 イッカツされて迷いから覚めた。
3 道路がジュウタイする。
4 四列ジュウタイで行進する。
5 甘美なセンリツに酔う。
6 事件の報道にセンリツを覚える。
7 会議はボウトウから荒れた。
8 株価がボウトウする。
9 社長のツルの一声で決まった。
10 弓のツルを張る。

1 子供の描いた絵を手放しでホメル。
2 駅前で高校生が寄付をツノッている。
3 あきれるほど世事にウトイ。
4 一言半句もモラサず書き留める。
5 まだフケルには早い年齢だ。

(九) 次の――線のカタカナを漢字に直せ。 (50) 2×25

1 シッペイ予防のための対策を講じる。
2 閑職にサセンされた。
3 ヒヨクな大地に穀物が豊かに実る。
4 カメラのショウテンを合わせる。
5 論文のタクバツな着想に感嘆する。

16 犯した罪のツグナいをする。
17 迅速カつ正確な作業を必要とする。
18 自分の策に溺れて墓穴をホる。
19 富と才能を併せ持つ友人をネタむ。
20 社長から大任をオオせつかる。
21 蚕がマユの中でさなぎになる。
22 平穏無事なくらしをホッしていた。
23 キジョウの空論にすぎない。
24 法廷でコクビャクを争う。
25 舟に刻みてケンを求む。

▼解答は別冊24・25ページ

（一）次の――線の**漢字の読み**を**ひらがな**で記せ。　(30) 1×30

1 故郷を出て既に三十年の星霜を経た。
2 父の鉄拳を受けたことがある。
3 唯美主義作家の小説に読みふける。
4 人面獣心の悪の権化だった。
5 洪水の被害は広汎な地域に及んだ。
6 ぜひ拙宅に足をお運びください。
7 神前で大願の成就を祈る。
8 不景気のあおりで俸給が半減した。
9 災厄に遭わぬようお守りを求める。
10 上品な象牙の髪飾りが目に留まった。
11 負債の償還に五年を費やした。
12 新薬の発表は天来の福音だった。
13 焼けた家が無惨な姿をさらしている。
14 寺に六十日間参籠して心を澄ました。

（二）次の漢字の**部首**を記せ。　(10) 1×10

〈例〉菜［艹］　間［門］

1 衷
2 版
3 虜
4 斬
5 眉
6 武
7 臭
8 宰
9 廷
10 赤

（三）**熟語の構成**のしかたには次のようなものがある。　(20) 2×10

ア 同じような意味の漢字を重ねたもの（**岩石**）
イ 反対または対応の意味を表す字を重ねたもの（**高低**）

（四）次の**四字熟語**について、**問1**と**問2**に答えよ。　(30)

問1 次の**四字熟語**の（1～10）に入る適切な語を下の□の中から選び、**漢字二字**で記せ。　(20) 2×10

ア 粒粒（1）
イ 金科（2）
ウ 眉目（3）
エ 心頭（4）
オ 四分（5）
カ （6）行賞
キ （7）落日
ク （8）以徳

ぎょくじょう
こじょう
ごれつ
しゅうれい
しんく
ほうえん
めっきゃく
りろ
ろんこう
わこん

15 誤解を解こうと躍起になっている。
16 下品な冗談に軽蔑の目が向けられた。
17 天下統一の覇業を成し遂げた。
18 道具の使い方を会得する。
19 レポートに疎漏がないよう留意する。
20 度重なる戦禍が国土を疲弊させた。
21 空いた子供部屋を納戸に利用する。
22 社員の奮闘が繁栄の礎となった。
23 人前で口汚く罵られた。
24 学業の傍ら家業を手伝っている。
25 思い詰めた面持ちで相談に来た。
26 切れ味の鈍くなった鎌の刃を研ぐ。
27 平然として神をも畏れぬ所業に及ぶ。
28 長年育んできた思想を公にする。
29 誠実さを欠く対応に憤りを覚えた。
30 偽のドル紙幣が大量に出回った。

ウ 上の字が下の字を修飾しているもの（洋画）
エ 下の字が上の字の目的語・補語になっているもの（着席）
オ 上の字が下の字の意味を打ち消しているもの（非常）

次の熟語は右の**ア～オ**のどれにあたるか、**一つ**選び、**記号にマーク**せよ。

1 奔流
2 享受
3 殉難
4 無恥
5 誓詞

6 及落
7 懐郷
8 毀誉
9 克己
10 謙遜

ケ（ 9 ）漢才
コ（ 10 ）整然

問2 次の11～15の**意味**にあてはまるものを**問1**の**ア～コの四字熟語**から**一つ**選び、**記号にマーク**せよ。

(10) 2×5

11 非常な努力と労力を費やす。
12 雑念を消し去ること。
13 ひどい目に遭わされても道義的な行為で応える。
14 秩序を失ってばらばらになること。
15 絶対的なよりどころとなる教えや決まり。

(五) 次の1〜5の**対義語**、6〜10の**類義語**を後の□の中から選び、**漢字**で記せ。□の中の語は一度だけ使うこと。 (20) 2×10

対義語

1 冗漫
2 粗雑
3 挫折
4 下賜
5 反逆

類義語

6 熟知
7 中核
8 看過
9 豊富
10 推移

かんけつ・かんてつ
きょうじゅん・けんじょう
じゅんたく・すうじく・ちみつ
つうぎょう・へんせん・もくにん

(七) 次の各文にまちがって使われている**同じ読みの漢字**が**一字**ある。**上に誤字**を、**下に正しい漢字**を記せ。 (10) 2×5

1 極細色の女子群像で知られる国宝の古墳壁画の劣化が顕著になり石室を解体して修復作業が行われた。

2 ある種類のイルカは、狙った魚が逃げ込んだ海底の巻き貝の貝殻を口にくわえて浮上し魚を保食する。

3 花粉症やアトピー性皮膚炎などのアレルギー疾感をストレスが悪化させることが経験的・疫学的に知られる。

4 永久凍土を誘解させたシベリアの異常高温の要因を人為的なものとする解析結果を欧露の研究者が発表した。

5 タイ名産のココナッツの収獲に猿を使うのは動物愛護精神に反するとして動物保護団体が不買運動を始めた。

(八) 次の――線の**カタカナ**を**漢字一字**と**送りがな(ひらがな)**に直せ。 (10) 2×5

〈例〉 問題に**コタエル**。 答える

6 **マッチャ**をたてて客にすすめる。

7 失業対策が**キュウム**となる。

8 赤ん坊が**キゲン**よさそうに笑う。

9 時宜を得た**シトウ**な意見と思われる。

10 参加者数の**タカ**によらず実施する。

11 **ヨジョウ**物資を有効に利用する。

12 洋上で**カンタイ**が演習する。

13 出奔後の消息は知る**ヨシ**もない。

14 **アミダナ**に土産を置き忘れた。

15 ハンカチで額の汗を**ヌグ**う。

(六) 次の——線のカタカナを漢字に直せ。 (20) 2×10

1 首相カンテイに閣僚が集まる。
2 祖父の遺品をカンテイしてもらう。

3 カイコンの念にさいなまれた。
4 荒れ地をカイコンして農地にする。

5 遺族にチョウイ金がおくられた。
6 台風で港のチョウイが上がる。

7 待遇改善のコウショウをする。
8 師のコウショウな趣味に感化される。

9 祖母のモに服している。
10 金魚鉢にモを入れる。

1 ドレスの長い裾が床にスレル。
2 恥をシノンでお願いに参りました。
3 学生たちに不心得をサトシた。
4 奴隷のようにシイタゲられていた。
5 タクミナ包丁さばきに見とれる。

(九) 次の——線のカタカナを漢字に直せ。 (50) 2×25

1 犯行現場にケッコンが残っていた。
2 試合前に相手チームをテイサツする。
3 現状を正確にハアクして対処する。
4 対照的作風で画壇のソウヘキをなす。
5 式典はゲンシュクに執り行われた。

16 制服姿の新入生がウイウイしい。
17 欄間に透かしボリが施されている。
18 親子が浜辺で波とタワムれている。
19 ムネアげの祝いに酒と餅を用意した。
20 夜がフけても会議は終わらなかった。
21 カサも役に立たない土砂降りになる。
22 趣味の野菜作りにコっている。
23 ひょうたんからコマ。
24 バンジ休す。
25 カッしても盗泉の水を飲まず。

▼解答は別冊26・27ページ

(一) 次の傍線部分の読みを**ひらがな**で記せ。1～20は**音読み**、21～30は**訓読み**である。 (30) 1×30

1 祖先の霊廟に額突き加護を祈る。
2 堂堂たる恰幅の女性が上司だった。
3 長年の間に馴致された習慣に泥む。
4 外苑のくちなしの花が芳馨を放つ。
5 戦災で孤児となった甥姪を引き取る。
6 遠つ代の翰藻を閑居の友とする。
7 阿堵物を貰うつもりは毛頭なかった。
8 条播の作業に晩春の一日を費やした。
9 論文中の不備な記述を補綴する。
10 嬰城して邑落を外敵から死守する。
11 雌蕊は花の中央にあり後に結果する。
12 一門切っての俊彦と目されていた。
13 哲学の入門書を或問形式で書く。
14 令婿には常常交誼を辱くしている。

(二) 次の傍線部分は常用漢字である。その**表外**の**読み**を**ひらがな**で記せ。 (10) 1×10

1 最早敵は陸に上がった河童も同然だ。
2 焼き上がった器は意に適わなかった。
3 ライバルへの嫉妬を露にする。
4 自ら負むところが無くもなかった。
5 曽遊の地を再訪し転た感慨に堪えぬ。
6 ひと比は羽振りが良かった。
7 雪のひと枚が音も無く肩に止まる。
8 努あの人を裏切ってはならない。
9 他者が負う心の痛みを慮る。
10 身を修め、家を斉える。

(三) 次の**熟語**の**読み**(**音読み**)と、その**語義**にふさわしい**訓読み**を(送りがなに注意して)**ひらがな**で記せ。 (10) 1×10

〈例〉 健勝……勝れる → けんしょう / すぐ

ア 1 侃直……2 侃い

(五) 次の傍線部分の**カタカナ**を**漢字**で記せ。 (40) 2×20

1 磯釣りの**ダイゴミ**を存分に味わった。
2 叶わぬ恋に**ミモダ**えして嘆き悲しむ。
3 かゆい所を**カ**いて傷を悪化させた。
4 犯人の行動が捜査陣を**カクラン**した。
5 管理が**ズサン**で屢支障を来す。
6 神が**オンチョウ**を垂れたのだと思う。
7 **エンセイ**観が昂じて出家するに至った。
8 要害堅固の山砦を攻め**アグ**んだ。
9 彼の天才の**ヘンリン**を垣間見た。
10 **バレイショ**の白い花が咲いている。

15 昨豆粥を得て飢寒倶に解く。
16 誤解氷消して遂に衿契を為せり。
17 熊胆は健胃薬にて苦きこと酷だし。
18 豎子与《とも》に謀るに足らず。
19 建保七年己卯鎌倉右大臣実朝《さねとも》暗殺さる。
20 葵心未だ肯えて差えず。

21 風霜を経た梋が亭亭と空を指している。
22 嘶の面白さでは同業者中ぴか一である。
23 一木一草に至るまで惣て美しく見える。
24 事の是非善悪は姑く舎くこととする。
25 摘んできた蕨を早速酒肴とする。
26 霊験灼な観音様に参拝者が列をなす。
27 旅中武隈の堝に生うる松を見て詠める。
28 烏んぞ之を能く知る人あらんや。
29 爾舜、允に其の中《ちゅう》を執れ。
30 鳩が何やら頻りに地面を啄んでいる。

イ 3 匡翼……4 翼ける
ウ 5 蚤死……6 蚤い
エ 7 嘉禎……8 禎い
オ 9 纏綿……10 纏わる

(四) 次の各組の二文の(　)には**共通**する漢字が入る。その読みを後の□から選び、**常用漢字(一字)**で記せ。 (10) 2×5

1
枯れ野を吹く秋風が人を(1)殺する。
容態悪化の報に(1)色を濃くする。

2
今は己の命(2)の尽きたことを悟った。
かつて例のない異(2)の出世を遂げた。

3
老荘の(3)遠な哲学に親しむ。
妻とは既に(3)明境を異にしていた。

4
仏前に(4)坐して経を読む。
心の昂りが筆(4)に躍っている。

5
俺は天才だと(5)言してはばからない。
全国民に愛国心の発(5)を促す。

あん・こう・しゅう・すう
たん・ゆう・よう・れい

11 弟ばかり可愛がると言って兄が**ヒガ**む。
12 **ホウバイ**に仕事のこつを教わった。
13 旅の空で**ハニュウ**の宿を懐かしむ。
14 三界六道に**リンネ**すると信じられた。
15 些細な過失が重大事件を**ジャッキ**した。
16 **ヨウエン**な女王に一目で魂を奪われた。
17 **テマリ**をつきつつ子供らと遊ぶ。
18 重要な課題を**トウカン**に付していた。
19 散歩のついでに葉書を**トウカン**する。
20 高熱を発し**トウカン**が甚だしい。

(六) 次の各文にまちがって使われている**同じ音訓の漢字**が**一字**ある。**上に誤字**を、**下に正しい漢字**を記せ。 (10) 2×5

1 最小国宝仏で厨子に安置する如来像の衣を彩緻極まる切り金が絢飾する。

2 莫大な遺産を倒尽し妻子友人を失って漸く賭博は金輪際やらぬと誓った。

3 反俗精神の旺溢する思想小説を立て続けに上梓して文壇に地歩を固めた。

4 秋風に藤袴が綻ぶ頃遠来の浅葱斑の可恋な蝶の舞い姿が目を娯しませる。

5 酒色に歎溺する日日に飽き果てて隠棲し爾来十余年古典研究に没入した。

(七) 次の問1と問2の四字熟語について答えよ。 (30)

問1 次の四字熟語の(1~10)に入る適切な語を後の□から選び**漢字二字**で記せ。 (20) 2×10

(1)雀躍　　中原(6)

(2)神助　　泣血(7)

(八) 次の1~5の**対義語**、6~10の**類義語**を後の□の中から選び、**漢字**で記せ。□の中の語は一度だけ使うこと。 (20) 2×10

対義語

1 迂愚
2 崇拝
3 遅鈍
4 綿密
5 破綻

類義語

6 隆替
7 大儒
8 通暁
9 寝食
10 忽如

がぜん・ききょ・しょうちょう
せきがく・そうけい・ちしつ
びほう・びんしょう・ぶざつ
ぼうとく

(十) 文章中の傍線(1~5)の**カタカナを漢字**に直し、波線(ア~コ)の**漢字の読みをひらがな**で記せ。 (20) 2×5 1×10

A 崖の上から見下ろす簞笥町の[1]**クボチ**には樹木の間にところどころ[2]**カヤブ**き家根が見えた。市兵衛町の表通りには黄昏近い頃なのに車も通らなければ人影も見えず、夕月が路端に聳《そび》えた老樹の梢にかかっているばかりであった。

そのころ愛宕山《あたごやま》の麓には仏蘭西航空団とかいた立て札が出してあったが、飛行機はまだ今日の如く頻繁に空を走ってはいなかった。震災後銀座通りに再び柳が植えられた頃から、時勢は急変して、[ア]妓家酒亭の主人までが代議士の候補に立つような[3]**コッケイ**な話は聞きたくも聞かれなくなったが、その代わりカフェーの店先にも折々[イ]鎧をきた武者人形が飾られ、骨董屋の売り立て広告にも「珍品の[ウ]砲列を布き廉売の商策を回《めぐ》らす」などいう文字を見るようになった。

(永井荷風「枇杷の花」より)

B 蒸気電信の勢力[エ]斯くの如しと雖《いえど》も、特に西洋人の私有に非ず。其の発明は西洋に在

（3）力行　　君子（8）
（4）猛進　　無常（9）
（5）準縄　　古色（10）

きく・きんき・きんけん
じんそく・そうぜん・ちくろく
ちょとつ・てんゆう・ひょうへん
れんじょ

問2 次の1〜5の**解説・意味**にあてはまる四字熟語を後の□から選び、その**傍線部分だけの読み**を**ひらがな**で記せ。（10）2×5

1 進歩向上の極点。
2 廃物利用の妙。
3 この世ならぬ美声の主を言う。
4 風流心のないこと。
5 強者の陰に隠れて悪さをする族。

胡説乱道・春蛙秋蟬・焚琴煮鶴
百尺竿頭・城狐社鼠・稲麻竹葦
迦陵頻伽・竹頭木屑

（九） 次の故事・成語・諺の**カタカナ**の部分を**漢字**で記せ。（20）2×10

1 **キコ**の勢い。
2 信は以て礼を守り、礼は以て身を**カバ**う。
3 **ケンカ**両成敗。
4 鳩に三枝の礼あり、烏に**ハンポ**の孝あり。
5 大海の**イチゾク**。
6 **カナエ**の軽重を問う。
7 **ソバ**の花も一盛り。
8 歳寒くして**ショウハク**の凋むに後るるを知る。
9 天機**セツロウ**すべからず。
10 燕雀安んぞ**コウコク**の志を知らんや。

りと雖も、西人も自ら之を発明し今日僅かに其の功用を試みて自ら其の勢力の強大なるに驚駭《きょうがい》し又**ロウバイ**[4]する者なり。西洋人が此の利器を発明したるは鳩にして鷹を生む者の如し。雛鷹[オ]の羽翼既に成れば衆鳥を鷙攫《しかく》し、時としては其の所生を嚇することもあらん。然り[カ]而して此の鷹の生まれたるは僅かに五十年以来にして、其の勢力の稍《やや》実際に顕[キ]れたるは二、三十年に足らず。今日は固[ク]より世界中共有の物なれば、各国人民の気力に応じてよく之を利用する者は人を制し、然らざる者は人に制せられんのみ。余嘗[ケ]て言あり、鉄は文明開化の塊なりと。蓋[コ]し亦此の文の意なり。今後我が日本に於いても、鉄を掘り鉄を製し、之を自由自在にすること軟弱なる飴を取り扱うが如くにして、以て鉄道を敷き電線を**カ**[5]し機関を作り船を作り武具を作り器什を作り、人間需用の品物一切、鉄を元にして製作するに至りて、始めて文明開化の日本を見る可し。

（福沢諭吉「民情一新」より）

▼解答は別冊28・29ページ

準1級

漢検

2020年度

日本漢字能力検定　答案用紙

注意事項が裏面にありますので、よく読んで解答してください。

答えはすべてこの用紙に記入してください。

この用紙は折りまげたり、汚したりしないでください。

性別　男 □　女 □

生年月日　西暦　□□□□年　□□月　□□日

※印字されていない場合は、□の中に生年月日を記入。

<記入例>
生年月日が2001年（平成13年）1月1日なら　2001年01月01日

訂正 □　西暦　□□□□年　□□月　□□日

※生年月日に誤りがある場合、訂正 □ にマークし、■の中に正しい生年月日を記入。

マーク記入例

○のように □ をきれいにぬりつぶしてください。　○　×

ご記入いただきました個人情報は、当協会の検定にかかわる業務にのみ使用します。

（ただし、検定にかかわる業務に際し、業務提携会社に作業を委託する場合があります。）

ご記入いただきました個人情報にかかわるお問い合わせは、下記までお願いします。

（公財）日本漢字能力検定協会　https://www.kanken.or.jp/privacy/

(一) 読み (30)

12	11	10	9	8	7	6	5	4	3	2	1

1×30

(二) 表外の読み (10)

10	9	8	7	6	5	4	3	2	1

1×10

(三) 熟語の読み・一字訓読み (10)

ア	
2	1

1×10

(五) 書き取り (40)

8	7	6	5	4	3	2	1

2×20

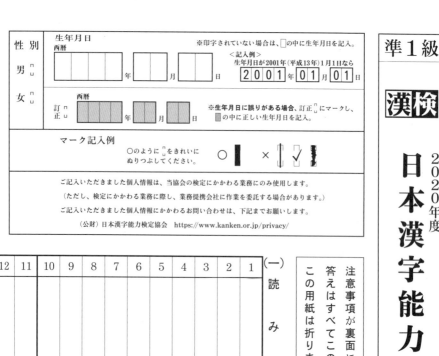

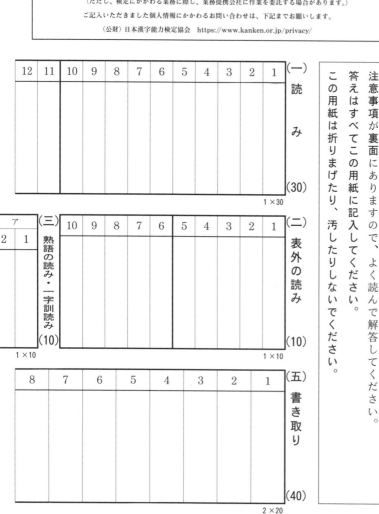

会場番号	会場名	受検番号	氏名	ふりがな	訂正
0 1 2 3 4 5 6 7 8 9 (×7)		0 1 2 3 4 5 6 7 8 9 (×6)	※印字されていない場合は氏名を記入。		※氏名に誤りがある場合、右上の訂正にマークし、正しい氏名を記入。

13	14	15	16	17	18	19	20	21	22	23	24	25	26	27	28	29	30

イ		ウ		エ		オ	
3	4	5	6	7	8	9	10

(四) 共通の漢字 (10)

1	2	3	4	5

2 × 5

9	10	11	12	13	14	15	16	17	18	19	20

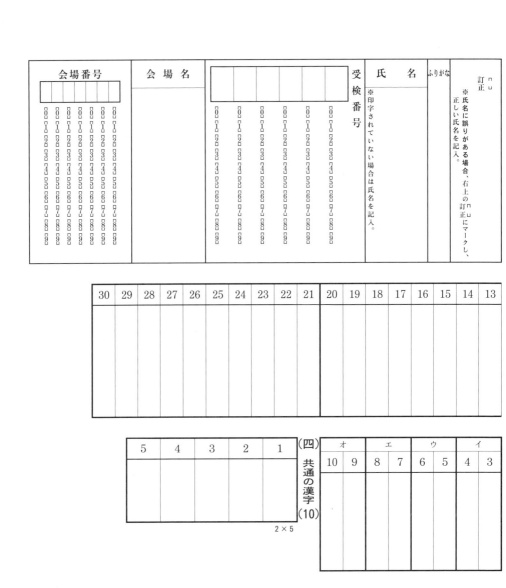

(六) 誤字訂正 (10)

	1	2	3	4	5
誤					
正					

2 × 5

(七) 四字熟語 (30)

問1 書き取り

1	2	3	4	5	6

2 ×10

(八) 対義語・類義語 (20)

1	2	3	4	5	6	7	8	9	10

2 ×10

(九) 故事・諺 (20)

1	2	3

2 ×10

(十) 文章題 (20)

書き取り

1	2	3	4	5

2 × 5

読み

ア	イ	ウ	エ	オ	カ	キ

1 ×10

MZ LY KX 9JW99

しないでください。答えが書けなくても必ず提出してください。

誤答となることがありますので、ご注意ください。

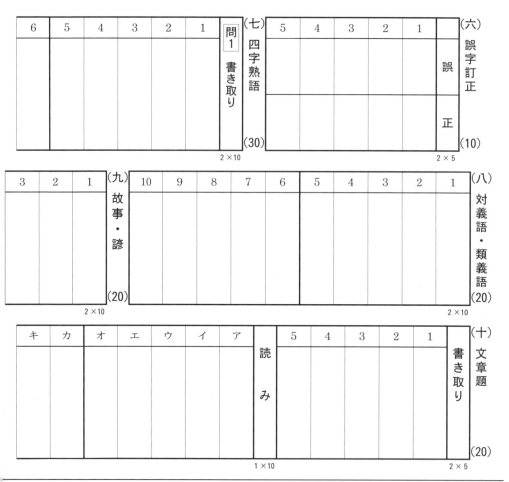

〔注 意 事 項〕

① 答えはすべてこの用紙に書きなさい。
② 合図があるまで、はじめてはいけません。（時間は**60分**です。）
③ 問題についての説明はありませんので、問題をよく読んでから答えを書きなさい。
④ 答えは、ＨＢ・Ｂ・２Ｂの鉛筆またはシャープペンシルで書きなさい。（**ボールペンや万年筆等は使用しないこと**）
⑤ 答えは、**楷書**でわく内いっぱいに**大きくはっきり**書きなさい。
とくに漢字の**書き取り問題**では**はねるところ・とめるところ**など、はっきり書きなさい。
行書体や草書体のようにくずした字や、乱雑な字は**検定の対象**にはなりません。
⑥ 問題の見落としや早合点のないよう、くれぐれも注意してください。

△合否その他に関する問い合わせにはいっさい応じられません。

（公財）日本漢字能力検定協会

5	4	3	2	1	問2 意味と読み	10	9	8	7

2 × 5

10	9	8	7	6	5	4

コ	ケ	ク

解答欄を間違えないよう設問番号を確認してください。

これより下は記入しないこと。

年度									
0	1	■	3	4	5	6	7	8	9
■	1	2	3	4	5	6	7	8	9
0	1	■	3	4	5	6	7	8	9
■	1	2	3	4	5	6	7	8	9

回 日程 級								
0	1	■	3	4	5	6	7	8
A	B	C	■	E	F	G	H	I
N	O	P	Q	R	S	T	U	V
0	■	2	3	4	5	6	7	8
0	■	2	3	4	5	6	7	8

この用紙は折りまげたり、汚したり

乱雑な字や、薄くて読みにくい字は

常用漢字表 付表（熟字訓・当て字など）

＊小・中・高：小学校・中学校・高等学校のどの時点で学習するかの割り振りを示した。
※以下に挙げられている語を構成要素の一部とする熟語に用いてもかまわない。
例「河岸（かし）」→「魚河岸（うおがし）」／「居士（こじ）」→「一言居士（いちげんこじ）」

付表1

語	読み	小	中	高
明日	あす	●		
小豆	あずき		●	
海女・海士	あま			●
硫黄	いおう		●	
意気地	いくじ		●	
田舎	いなか		●	
息吹	いぶき			●
海原	うなばら		●	
乳母	うば		●	
浮気	うわき			●
浮つく	うわつく		●	
笑顔	えがお		●	

語	読み	小	中	高
叔父・伯父	おじ		●	
大人	おとな	●		
乙女	おとめ		●	
叔母・伯母	おば		●	
お巡りさん	おまわりさん		●	
お神酒	おみき			●
母屋・母家	おもや			●
母さん	かあさん	●		
神楽	かぐら			●
河岸	かし			●
鍛冶	かじ		●	
風邪	かぜ		●	

語	読み	小	中	高
固唾	かたず		●	
仮名	かな		●	
蚊帳	かや			●
為替	かわせ		●	
河原・川原	かわら	●		
昨日	きのう	●		
今日	きょう	●		
果物	くだもの	●		
玄人	くろうと			●
今朝	けさ	●		
景色	けしき	●		
心地	ここち		●	

語	読み	小	中	高
居士	こじ			●
今年	ことし	●		
早乙女	さおとめ		●	
雑魚	ざこ			●
桟敷	さじき			●
差し支える	さしつかえる		●	
五月	さつき		●	
早苗	さなえ		●	
五月雨	さみだれ		●	
時雨	しぐれ		●	
尻尾	しっぽ		●	
竹刀	しない		●	
老舗	しにせ		●	
芝生	しばふ		●	
清水	しみず	●		
三味線	しゃみせん		●	
砂利	じゃり		●	

語	読み	小	中	高
数珠	じゅず			●
上手	じょうず	●		
白髪	しらが		●	
素人	しろうと			●
師走	しわす（しはす）			●
数寄屋・数奇屋	すきや			●
相撲	すもう		●	
草履	ぞうり		●	
山車	だし			●
太刀	たち		●	
立ち退く	たちのく		●	
七夕	たなばた	●		
足袋	たび		●	
稚児	ちご			●
一日	ついたち	●		
築山	つきやま			●
梅雨	つゆ		●	

語	読み	小	中	高
凸凹	でこぼこ		●	
手伝う	てつだう	●		
伝馬船	てんません			●
投網	とあみ			●
父さん	とうさん	●		
十重二十重	とえはたえ			●
読経	どきょう			●
時計	とけい	●		
友達	ともだち	●		
仲人	なこうど			●
名残	なごり		●	
雪崩	なだれ		●	
兄さん	にいさん	●		
姉さん	ねえさん	●		
野良	のら			●
祝詞	のりと			●
博士	はかせ	●		

語	読み	小	中	高
二十・二十歳	はたち		●	
二十日	はつか	●		
波止場	はとば		●	
一人	ひとり	●		
日和	ひより		●	
二人	ふたり	●		
二日	ふつか	●		
吹雪	ふぶき		●	
下手	へた	●		
部屋	へや	●		
迷子	まいご	●		
真面目	まじめ	●		
真っ赤	まっか	●		
真っ青	まっさお	●		
土産	みやげ		●	
息子	むすこ		●	
眼鏡	めがね	●		

語	読み	小	中	高
猛者	もさ			●
紅葉	もみじ		●	
木綿	もめん		●	
最寄り	もより		●	
八百長	やおちょう			●
八百屋	やおや	●		
大和	やまと		●	
弥生	やよい		●	
浴衣	ゆかた			●
行方	ゆくえ		●	
寄席	よせ			●
若人	わこうど		●	

付表2

語	読み	小	中	高
愛媛	えひめ	●		
茨城	いばらき	●		
岐阜	ぎふ	●		
鹿児島	かごしま	●		
滋賀	しが	●		
宮城	みやぎ	●		
神奈川	かながわ	●		
鳥取	とっとり	●		
大阪	おおさか	●		
富山	とやま	●		
大分	おおいた	●		
奈良	なら	●		

都道府県名

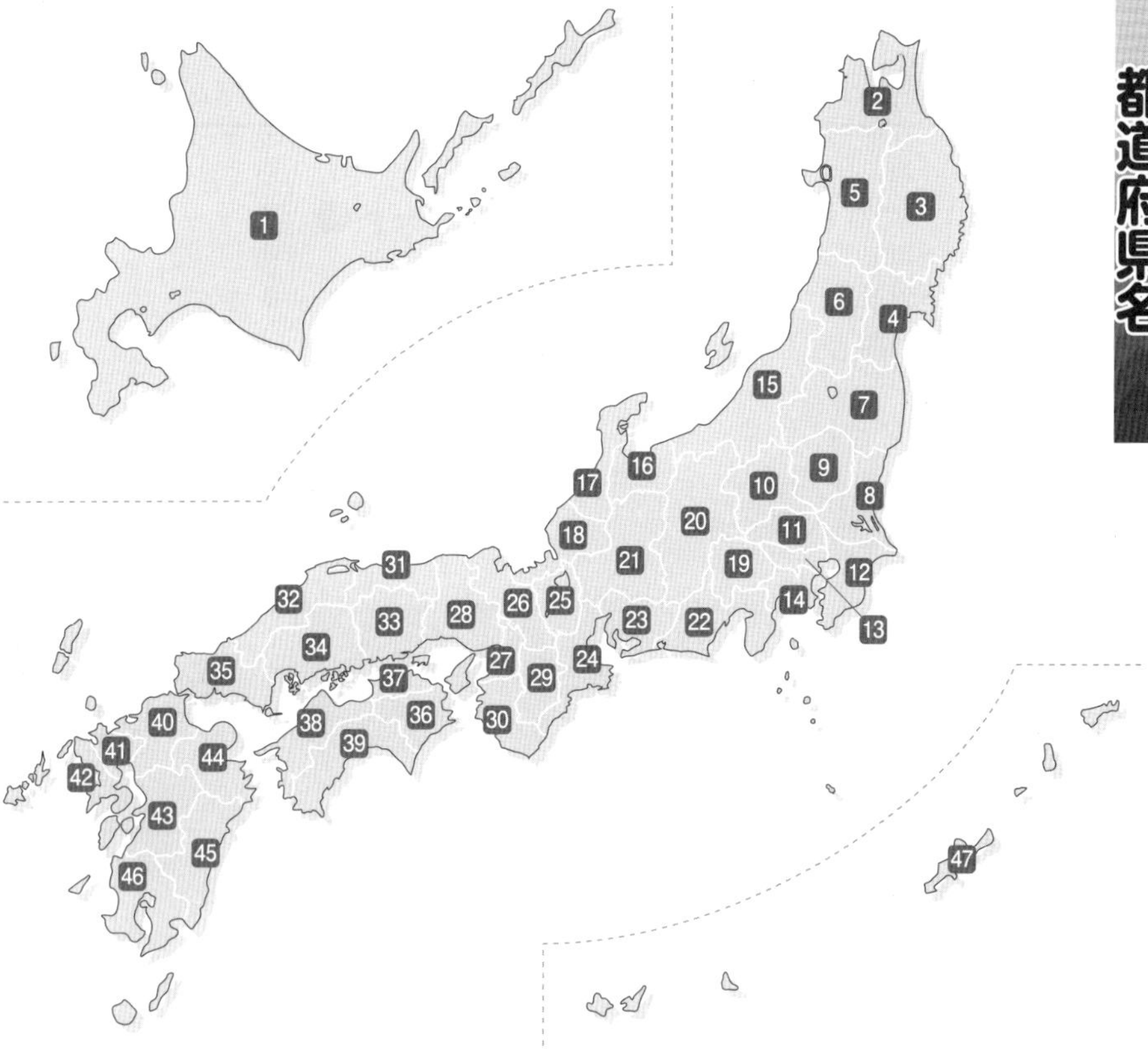

16	15	14	13	12	11	10	9	8	7	6	5	4	3	2	1
富山《とやま》県	新潟《にいがた》県	神奈川《かながわ》県	東京都《とうきょうと》	千葉《ちば》県	埼玉《さいたま》県	群馬《ぐんま》県	栃木《とちぎ》県	茨城《いばらき》県	福島《ふくしま》県	山形《やまがた》県	秋田《あきた》県	宮城《みやぎ》県	岩手《いわて》県	青森県《あおもりけん》	北海道《ほっかいどう》

32	31	30	29	28	27	26	25	24	23	22	21	20	19	18	17
島根《しまね》県	鳥取《とっとり》県	和歌山《わかやま》県	奈良《なら》県	兵庫《ひょうご》県	大阪《おおさか》府	京都府《きょうとふ》	滋賀《しが》県	三重《みえ》県	愛知《あいち》県	静岡《しずおか》県	岐阜《ぎふ》県	長野《ながの》県	山梨《やまなし》県	福井《ふくい》県	石川《いしかわ》県

47	46	45	44	43	42	41	40	39	38	37	36	35	34	33
沖縄《おきなわ》県	鹿児島《かごしま》県	宮崎《みやざき》県	大分《おおいた》県	熊本《くまもと》県	長崎《ながさき》県	佐賀《さが》県	福岡《ふくおか》県	高知《こうち》県	愛媛《えひめ》県	香川《かがわ》県	徳島《とくしま》県	山口《やまぐち》県	広島《ひろしま》県	岡山《おかやま》県

●本書に関するアンケート●

今後の出版事業に役立てたいと思いますので、アンケートにご協力ください。抽選で粗品をお送りします。

◆PC・スマートフォンの場合

下記URL、またはバーコードから回答画面に進み、画面の指示に従ってお答えください。

https://www.kanken.or.jp/kanken/textbook/past.html

◆愛読者カード（ハガキ）の場合

本書挟み込みのハガキに切手を貼り、お送りください。

漢検 2級 過去問題集　2021年度版

2021年3月30日　第1版第1刷　発行

編　者　公益財団法人 日本漢字能力検定協会

発行者　髙坂　節三

印刷所　大日本印刷株式会社

発行所　公益財団法人 日本漢字能力検定協会

〒605-0074 京都市東山区祇園町南側551番地

☎(075)757-8600

ホームページhttps://www.kanken.or.jp/

ISBN978-4-89096-447-5 C0081

乱丁・落丁本はお取り替えいたします。

公益財団法人 日本漢字能力検定協会

漢検

漢検 過去問題集 2021年度版

標準解答

2級

目次

別冊

本体からはなしてお使いください。

漢検 公益財団法人 日本漢字能力検定協会

700447 (1-1)

2級 試験問題 1 標準解答【本冊16～19ページ】

(一) 読み (30)

1	2	3	4	5	6	7	8	9	10	11	12	13	14	15	16	17	18
えとく	ごうまん	せつゆ	だみん	さんろく	せいがん	こうじん	とんぷく	こんこん	ふってい	ふろ	こうかく	したい	ごはっと	ていぞう	ゆうそう	ふんきゅう	まもう

1×30

(二) 部首 (10)

合格者平均得点 7.8/10

1	2	3	4	5	6	7	8	9	10
瓦	羊	石	又	方	丨	歯	虫	子	口

1×10

(四) 四字熟語 (30)

合格者平均得点 15.4/20

問1 書き取り

1	2	3	4	5	6	7	8	9	10
流水	猛虎	堅固	秀麗	剛健	泰然	論功	鶏口	面従	春宵

2×10

(五) 対義語・類義語 (20)

合格者平均得点 16.7/20

1	2	3	4	5	6	7	8	9	10
陥没	寡黙	凡庸	貧窮	貫徹	沿革	懸念	交渉	匹敵	憤慨

2×10

(七) 誤字訂正 (10)

合格者平均得点 7.7/10

	1	2	3	4	5
誤	対	籍	貯	狂	痛
正	待	析	著	興	悼

2×5

(八) 漢字と送りがな (10)

1	2	3
褒める	翻っ	瞬く

2×5

6	7	8	9	10	11	12	13	14	15	16	17
学閥	琴線	真摯	湖沼	惨敗	左遷	音沙汰	擦	棟上	一肌	芳	拳

19	20	21	22	23	24	25	26	27	28	29	30
ひおう	じょうと	しいた	かたひじ	みにく	つ	な	こと	ふ	ながうた	た	おのおの

合格者平均得点 28.0 / 30

(三) 熟語の構成 (20)

1	2	3	4	5	6	7	8	9	10
エ	イ	ア	エ	ウ	ア	オ	イ	ア	ウ

2 × 10

合格者平均得点 15.5 / 20

問2 意味

11	12	13	14	15
カ	ケ	ウ	イ	オ

2 × 5

合格者平均得点 8.8 / 10

(六) 同音・同訓異字 (20)

1	2	3	4	5	6	7	8	9	10
打倒	妥当	整腸	清澄	吹奏	水槽	慰留	遺留	渇	乾

2 × 10

合格者平均得点 17.6 / 20

4	5
惜しい	衰え

合格者平均得点 8.8 / 10

(九) 書き取り (50)

1	2	3	4	5
成就	勧奨	審判	覇気	眺望

2 × 25

18	19	20	21	22	23	24	25
障	坪	腫	戻	但	欲	彼岸	逸

合格者平均得点 42.8 / 50

学習日 月 日

／200

(一) 読み (30) 1×30

1	ひんしゅつ
2	ひぎょう
3	はくび
4	こせつ
5	ぞうお
6	しっそう
7	ゆうよ
8	かもん
9	きゅうだん
10	けんぽう
11	ぜんじ
12	おういん
13	こんぼう
14	さいち
15	ちょうめい
16	よくん
17	しゅくしゅく
18	ふとん

(二) 部首 (10) 1×10

1	羊
2	刂
3	缶
4	舛
5	虍
6	巾
7	車
8	目
9	手
10	辛

合格者平均得点 7.8/10

(四) 四字熟語 (30) 問1 書き取り 2×10

1	滅裂
2	瓦鶏
3	三斗
4	変化
5	浄土
6	謹厳
7	浅学
8	孤城
9	比翼
10	万緑

合格者平均得点 15.1/20

(五) 対義語・類義語 (20) 2×10

1	擁護
2	卑近
3	酷評
4	愚鈍
5	舶来
6	伯仲
7	刹那
8	中枢
9	黙認
10	午睡

合格者平均得点 16.2/20

(七) 誤字訂正 (10) 2×5

	誤	正
1	命	冥
2	波	破
3	襲	酬
4	講	購
5	滑	渇

合格者平均得点 7.8/10

(八) 漢字と送りがな (10) 2×5

1	紛らわしい
2	賄っ
3	鍛える

6	戦慄
7	大胆
8	荒涼
9	赤銅
10	果汁
11	流浪
12	融通
13	修羅場
14	酸
15	丼
16	鈴
17	懐

19	20	21	22	23	24	25	26	27	28	29	30
こくう	てい	うたい	さが	ひざがしら	しず	やおもて	あざけ	かも	うぶゆ	あこが	さ

合格者平均得点 27.6 / 30

(三) 熟語の構成 (20)

1	2	3	4	5	6	7	8	9	10
ア	イ	オ	イ	エ	イ	ウ	エ	ア	ウ

2×10

合格者平均得点 16.1 / 20

問2 意味

11	12	13	14	15
ケ	ク	コ	ウ	ア

2×5

合格者平均得点 9.2 / 10

(六) 同音・同訓異字 (20)

1	2	3	4	5	6	7	8	9	10
詐称	査証	更迭	鋼鉄	生還	静観	酵素	控訴	股	又

2×10

合格者平均得点 17.3 / 20

4	5
阻ま	潰ける

合格者平均得点 8.7 / 10

(九) 書き取り (50)

1	2	3	4	5
充血	偵察	勾配	旋風	狭量

2×25

18	19	20	21	22	23	24	25
契	尻拭	襟元	辛	煩	翻	蛇	仰

合格者平均得点 41.8 / 50

学習日 月 日

/200

(一) 読み (30) 1×30

1	2	3	4	5	6	7	8	9	10	11	12	13	14	15	16	17	18
はんよう	しゅくぜん	とばく	ゆせい	きゅうぼう	はんぼう	きんちゃく	かくちく	せじょう	かせん	もんぴ	おうへい	すんか	ばいしゃく	ほうき	きょうがい	なんきつ	ほうび

(二) 部首 (10) 1×10

合格者平均得点 8.0/10

1	2	3	4	5	6	7	8	9	10
面	音	口	戸	十	罒	衣	殳	豕	八

(四) 四字熟語 (30)

問1 書き取り 2×10

合格者平均得点 14.9/20

1	2	3	4	5	6	7	8	9	10
激励	壮語	遅遅／遅々	躍如	異曲	酔生	閑月	破邪	断崖	遺憾

(五) 対義語・類義語 (20) 2×10

合格者平均得点 16.8/20

1	2	3	4	5	6	7	8	9	10
衰微	堕落	肥沃	点在	枯渇	唐突	払拭	由緒	束縛	枢軸

(七) 誤字訂正 (10) 2×5

合格者平均得点 7.3/10

	1	2	3	4	5
誤	紙	隆	保	撤	勢
正	刺	竜	哺	徹	斉

(八) 漢字と送りがな (10) 2×5

1	2	3
掲げる	疎ましかっ	偽ら

6	7	8	9	10	11	12	13	14	15	16	17
渦中	人倫	囲碁	辛辣	貴賓	建立	威嚇	窯元	蛍	綻	紡	恭

19	20	21	22	23	24	25	26	27	28	29	30
ばく	くぎん	いつく	かまくび	にな	うじがみ	とら	くつずみ	いや	くずもち	しず	あわ

合格者平均得点 28.2/30

(三) 熟語の構成 (20)

1	2	3	4	5	6	7	8	9	10
エ	ア	オ	ウ	イ	ウ	エ	ア	エ	イ

2×10

合格者平均得点 15.9/20

問2 意味

11	12	13	14	15
ケ	イ	エ	コ	オ

2×5

合格者平均得点 8.3/10

(六) 同音・同訓異字 (20)

1	2	3	4	5	6	7	8	9	10
告示	酷似	冒頭	暴騰	釣果	超過	墳丘	紛糾	腫	晴

2×10

合格者平均得点 16.6/20

4	5
慌て	悼む

合格者平均得点 9.1/10

(九) 書き取り (50)

1	2	3	4	5
風情	搭乗	一旦	楽譜	循環

2×25

18	19	20	21	22	23	24	25
寿	爽	汁粉	懲	仰	水泡	秀	礼節

合格者平均得点 42.2/50

学習日 月 日

/200

2級 試験問題 4 標準解答【本冊28～31ページ】

(一) 読み (30) 1×30

1	2	3	4	5	6	7	8	9	10	11	12	13	14	15	16	17	18
りこう	けっしゅつ	ようえん	きふ	ふせ	きんしょう	くんこう	かんがん	びんせん	げいひんかん	ふんぜん	しが	きゅうめい	へんきょう	こかつ	かどう	しゃっかん	さくしゅ

(二) 部首 (10) 1×10

合格者平均得点 8.2/10

1	2	3	4	5	6	7	8	9	10
二	戈	臼	辛	日	氵	虍	口	田	羽

(四) 四字熟語 (30)

問1 書き取り 2×10

合格者平均得点 13.9/20

1	2	3	4	5	6	7	8	9	10
青松	兼利	定離	美俗	無双	普遍	斬新	秋霜	免許	経世

(五) 対義語・類義語 (20) 2×10

合格者平均得点 16.9/20

1	2	3	4	5	6	7	8	9	10
稚拙	軽侮	汚濁	漆黒	勃興	敢闘	丁寧	駆逐	光陰	威嚇

(七) 誤字訂正 (10) 2×5

合格者平均得点 8.2/10

	1	2	3	4	5
誤	有	策	操	傘	詳
正	融	削	捜	参	祥

(八) 漢字と送りがな (10) 2×5

1	2	3
滞る	甚だしい	企て

6	7	8	9	10	11	12	13	14	15	16	17
壮絶	批准	虚空	采配	享受	厄介	押印	干潟	滴	麓	雨靴	悔

19	20	21	22	23	24	25	26	27	28	29	30
ゆさん	しょうそう	ねんご	ぬぐ	つちか	とむら	つ	わ	つらがま	ふところ	もてあそ	ちまなこ

合格者平均得点 28.0／30

(三) 熟語の構成 (20) 2×10

1	2	3	4	5	6	7	8	9	10
ウ	エ	イ	エ	オ	ア	エ	ウ	ア	イ

合格者平均得点 16.2／20

問2 意味 2×5

11	12	13	14	15
エ	キ	オ	ク	カ

合格者平均得点 8.5／10

(六) 同音・同訓異字 (20) 2×10

1	2	3	4	5	6	7	8	9	10
扶養	浮揚	羞恥	周知	症例	奨励	優秀	幽囚	端	刃

合格者平均得点 16.9／20

4	5
覆さ	統べる

合格者平均得点 8.6／10

(九) 書き取り (50) 2×25

1	2	3	4	5
寛大	年俸	傾倒	挨拶	料亭

18	19	20	21	22	23	24	25
傍	塞	憂	礎	挑	窮	氏神	緒

合格者平均得点 42.5／50

学習日　月　日

／200

(一) 読み (30) 1×30

1	2	3	4	5	6	7	8	9	10	11	12	13	14	15	16	17	18
そうけん	ゆうよう	がじょう	しっぺい	けつぶつ	ぼうしょく	せいちょう	はんか	おうせい	げどく	かつぼう	りょうかん	がいぜん	やっかい	ごうそう	いっし	さしゅ	せんりつ

(二) 部首 (10) 1×10

合格者平均得点 8.3/10

1	2	3	4	5	6	7	8	9	10
⺗	女	豸	口	斉	亅	日	山	彡	儿

(四) 四字熟語 (30)

問1 書き取り 2×10

合格者平均得点 15.6/20

1	2	3	4	5	6	7	8	9	10
連衡	煩悩	外親	北斗	多岐	胆大	頓首	向天	教唆	換骨

(五) 対義語・類義語 (20) 2×10

合格者平均得点 17.6/20

1	2	3	4	5	6	7	8	9	10
曖昧	騰貴	余剰	陳腐	拙劣	同僚	陶酔	困窮	断崖	謹呈

(七) 誤字訂正 (10) 2×5

合格者平均得点 7.6/10

	1	2	3	4	5
誤	頭	徹	類	老	従
正	登	撤	累	籠	縦

(八) 漢字と送りがな (10) 2×5

1	2	3
誓う	卑しめる	滑らかに

6	7	8	9	10	11	12	13	14	15	16	17
零細	急須	駆逐	如実	艦艇	痕跡	難渋	沸	串	葬	専	塩漬

19	20	21	22	23	24	25	26	27	28	29	30
しぎん	しょうりょう	どたんば	さげす	よ	し	あきら	うね	も	うらや	いつわ	おごそ

合格者平均得点 28.7/30

(三) 熟語の構成 (20)

1	2	3	4	5	6	7	8	9	10
エ	オ	ア	イ	エ	イ	ア	ウ	ウ	エ

2×10

合格者平均得点 16.5/20

問2 意味

11	12	13	14	15
イ	ア	オ	キ	エ

2×5

合格者平均得点 9.2/10

(六) 同音・同訓異字 (20)

1	2	3	4	5	6	7	8	9	10
花瓶	過敏	軽症	警鐘	労	弄	皆勤	開襟	繭	眉

2×10

合格者平均得点 17.2/20

4	5
挟まっ	隔てる

合格者平均得点 8.6/10

(九) 書き取り (50)

1	2	3	4	5
倫理	陥没	拘泥	治癒	由緒

2×25

18	19	20	21	22	23	24	25
手繰	水際	嫌	培	枠組	冥利	稼	制

合格者平均得点 42.2/50

学習日 月 日

/200

(一) 読み (30)

1×30

1	2	3	4	5	6	7	8	9	10	11	12	13	14	15	16	17	18
ゆうよう	かんが	いっしゅう	だっかん	けいがい	へんざい	じっせん	しゅうしゅう	ほてん	へんせん	ぼんさい	めいさつ	へいこう	しんぼく	えいそう	おでい	きんせい	しょうよう

(二) 部首 (10)

1×10

合格者平均得点 8.0 / 10

1	2	3	4	5	6	7	8	9	10
大	土	巾	斗	衣	宀	口	戸	方	貝

(四) 四字熟語 (30)

問1 書き取り 2×10

合格者平均得点 15.5 / 20

1	2	3	4	5	6	7	8	9	10
卓説	喪志	迅雷	猛虎	割拠	比翼	大喝	枝葉	孤軍	山紫

(五) 対義語・類義語 (20)

2×10

合格者平均得点 16.9 / 20

1	2	3	4	5	6	7	8	9	10
湧出	虐待	凡庸	秩序	謙虚	造詣	由緒	大患	撲滅	伯仲

(七) 誤字訂正 (10)

2×5

合格者平均得点 8.6 / 10

	1	2	3	4	5
誤	融	益	投	礎	旧
正	誘	疫	搭	租	窮

(八) 漢字と送りがな (10)

2×5

1	2	3
眺める	煩わしかっ	操る

6	7	8	9	10	11	12	13	14	15	16	17
妥当	挑発	洞察	肝要	結晶	幽囚	表沙汰	醸	賜	漏	爪	綻

19	20	21	22	23	24	25	26	27	28	29	30
あっさく	こうどく	くちはば	こうごう	にせ	さび	はしげた	みが	はち	うずしお	おお	も

合格者平均得点 27.5 / 30

(三) 熟語の構成 (20)

1	2	3	4	5	6	7	8	9	10
エ	ア	ウ	イ	オ	イ	ア	エ	ウ	エ

2 × 10

合格者平均得点 16.4 / 20

問2 意味

11	12	13	14	15
カ	ア	ク	オ	ウ

2 × 5

合格者平均得点 8.4 / 10

(六) 同音・同訓異字 (20)

1	2	3	4	5	6	7	8	9	10
鑑賞	勧奨	欧州	応酬	錠剤	浄財	生涯	傷害	飢	植

2 × 10

合格者平均得点 16.5 / 20

4	5
翻し	阻ま

合格者平均得点 8.8 / 10

(九) 書き取り (50)

1	2	3	4	5
貢献	帆走	焦点	肥沃	種苗

2 × 25

18	19	20	21	22	23	24	25
諭	渋	幻	恭	繭	乾	黒白	馬脚

合格者平均得点 41.4 / 50

学習日 月 日

/200

(一) 読み (30)

1	2	3	4	5	6	7	8	9	10	11	12	13	14	15	16	17	18
きんせい	おうしゅう	せしゅ	ぜんしん	かこく	あっさく	すうこう	ぞうけい	るいけい	はんれい	せんぷう	しはい	ひめん	ふほう	かんが	きょうぎ	じんぞう	じぎ

1×30

(二) 部首 (10)

1	2	3	4	5	6	7	8	9	10
色	音	丶	艹	隹	子	行	田	羊	土

1×10

合格者平均得点 8.0/10

(四) 四字熟語 (30)

問1 書き取り

1	2	3	4	5	6	7	8	9	10
兼行	落葉	即妙	粛正	堅固	雲泥	傲岸	拍手	一陽	山紫

2×10

合格者平均得点 15.2/20

(五) 対義語・類義語 (20)

1	2	3	4	5	6	7	8	9	10
刹那	中庸	斬新	頑健	分割	披露	泰然	寡黙	秀逸	勘弁

2×10

合格者平均得点 17.0/20

(七) 誤字訂正 (10)

	1	2	3	4	5
誤	勢	貨	渉	醸	探
正	請	架	奨	浄	担

2×5

合格者平均得点 7.8/10

(八) 漢字と送りがな (10)

1	2	3
恭しく	拒ん	携え

2×5

6	7	8	9	10	11	12	13	14	15	16	17
三昧	眉間	嫌悪	荘厳	献金	拡充	懐郷	納屋	賢	交	侮	砂嵐

30	29	28	27	26	25	24	23	22	21	20	19
はか	い	かんば	ふもと	きわ	わく	むさぼ	さと	は	きゃたつ	しょうろく	せんさい

合格者平均得点 28.1/30

(三) 熟語の構成 (20) 2×10

10	9	8	7	6	5	4	3	2	1
エ	ア	エ	イ	ア	ウ	オ	ア	ウ	イ

合格者平均得点 14.6/20

問2 意味 2×5

15	14	13	12	11
コ	ケ	ウ	カ	エ

合格者平均得点 9.0/10

(六) 同音・同訓異字 (20) 2×10

10	9	8	7	6	5	4	3	2	1
唐	殻	悠久	有給	貴賓	気品	投棄	陶器	炎症	延焼

合格者平均得点 17.4/20

5	4
伏せる	唆さ

合格者平均得点 8.7/10

(九) 書き取り (50) 2×25

5	4	3	2	1
病巣	派閥	比肩	打診	盛会

25	24	23	22	21	20	19	18
真珠	点滴	蹴	岬	片隅	襟	過	謹

合格者平均得点 41.7/50

学習日 月 日

/200

㈠ 読み (30) 1×30

1	2	3	4	5	6	7	8	9	10	11	12	13	14	15	16	17	18
さいせき	たんざく	ほしょう	じちょう	えしゃく	がんぜ	るふ	かんにん	けいぶ	じょうさい	ごばん	せきじつ	そうわ	ごうぜん	くんとう	しゅうか	ごい	ひろう

㈡ 部首 (10) 1×10

合格者平均得点 7.6/10

1	2	3	4	5	6	7	8	9	10
⺹	舟	鬼	山	口	戈	亀	貝	彳	一

㈣ 四字熟語 問1 書き取り (30) 2×10

合格者平均得点 15.7/20

1	2	3	4	5	6	7	8	9	10
暮四	邪説	行脚	高吟	空拳	荒唐	和衷	多岐	佳人	主客

㈤ 対義語・類義語 (20) 2×10

合格者平均得点 17.3/20

1	2	3	4	5	6	7	8	9	10
寛大	愚昧	快諾	恥辱	酷寒	仲裁	傑出	安寧	逝去	墨守

㈦ 誤字訂正 (10) 2×5

合格者平均得点 7.9/10

	1	2	3	4	5
誤	証	敵	超	耕	妄
正	症	摘	眺	構	猛

㈧ 漢字と送りがな (10) 2×5

1	2	3
渋っ	免れ	憩う

6	7	8	9	10	11	12	13	14	15	16	17
胸襟	万雷	賄賂	散逸	妖精	懸案	偽造	涼	舌鼓	堀	目利	費

19	20	21	22	23	24	25	26	27	28	29	30
ちくじ	かいたい	ういじん	はなは	あい	す	はしげた	あば	ねた	きわ	みぞ	さび

合格者平均得点 28.2 / 30

(三) 熟語の構成 (20)

1	2	3	4	5	6	7	8	9	10
ア	イ	ウ	ア	エ	イ	ウ	オ	ア	エ

2×10

合格者平均得点 15.1 / 20

問2 意味

11	12	13	14	15
カ	コ	ク	イ	オ

2×5

合格者平均得点 8.6 / 10

(六) 同音・同訓異字 (20)

1	2	3	4	5	6	7	8	9	10
操作	捜査	控除	公序	惨禍	傘下	謹慎	近親	酢	巣

2×10

合格者平均得点 16.0 / 20

4	5
遂げる	懐かしい

合格者平均得点 8.6 / 10

(九) 書き取り (50)

1	2	3	4	5
壮大	享有	詰問	慶弔	懇請

2×25

18	19	20	21	22	23	24	25
霜柱	頃合	上靴	一際	神楽	蓋	剛	対岸

合格者平均得点 42.7 / 50

学習日 月 日

/200

(一) 読み (30)

1	2	3	4	5	6	7	8	9	10	11	12	13	14	15	16	17	18
さんか	かちゅう	かんげん	おくせつ	しょうたく	かんしつ	きそう	しし	はんざつ	よくや	きおうしょう	しゃふつ	らつわん	こうてい	そうこう	とんきょう	はいえつ	ぐち

1×30

(二) 部首 (10)

合格者平均得点 7.8 / 10

1	2	3	4	5	6	7	8	9	10
巾	弓	刀	甘	目	一	隶	衣	至	口

1×10

(四) 四字熟語 (30)

合格者平均得点 15.5 / 20

問1 書き取り

1	2	3	4	5	6	7	8	9	10
勉励	流転	潔斎	無縫	随一	枝葉	堆金	熟読	危急	堅忍

2×10

(五) 対義語・類義語 (20)

合格者平均得点 16.9 / 20

1	2	3	4	5	6	7	8	9	10
治癒	催眠	穏健	慶賀	謙虚	親戚	罷免	抄録	紛糾	妥協

2×10

(七) 誤字訂正 (10)

合格者平均得点 8.0 / 10

	1	2	3	4	5
誤	積	操	到	切	必
正	跡	捜	投	窃	匹

2×5

(八) 漢字と送りがな (10)

1	2	3
和らげ	懐か	陥れ

2×5

6	7	8	9	10	11	12	13	14	15	16	17
祝儀	購買	腹案	豪邸	栓	脊椎	索引	茶釜	償	覆	懇	歯茎

19	20	21	22	23	24	25	26	27	28	29	30
こうし	かんか	はすう	ほころ	か	あや	はずかし	から	そそのか	ねら	すみずみ	たむ

合格者平均得点 28.0 / 30

(三) 熟語の構成 (20)

1	2	3	4	5	6	7	8	9	10
ア	ア	イ	ウ	エ	ウ	イ	エ	オ	ウ

2×10

合格者平均得点 16.1 / 20

問2 意味

11	12	13	14	15
ク	エ	コ	ウ	キ

2×5

合格者平均得点 8.8 / 10

(六) 同音・同訓異字 (20)

1	2	3	4	5	6	7	8	9	10
疾走	失踪	伯仲	白昼	断崖	弾劾	奔放	本邦	火	帆

2×10

合格者平均得点 16.7 / 20

4	5
渋い	繕っ

合格者平均得点 8.0 / 10

(九) 書き取り (50)

1	2	3	4	5
譜面	督促	余薫	実践	斬新

2×25

18	19	20	21	22	23	24	25
泥縄	暗闇	割	飢	逝	柳	憤	破竹

合格者平均得点 41.9 / 50

学習日　月　日

／200

(一) 読み (30) 1×30

1	2	3	4	5	6	7	8	9	10	11	12	13	14	15	16	17	18
かくりょう	ないおう	せきつい	おういん	ほんりゅう	かんれき	たんじゅう	くよう	そうちょう	しゅういつ	しゅくん	じんりん	でいたん	ひぎょう	しゅうとく	そじょう	せいち	なんきつ

(二) 部首 (10) 1×10

1	2	3	4	5	6	7	8	9	10
亠	口	車	冂	殳	歹	手	麻	入	勹

(四) 四字熟語 (30)

問1 書き取り 2×10

1	2	3	4	5	6	7	8	9	10
劣敗	無双	頓挫	端麗	冬扇	鶏口	思慮	土崩	漫言	遺憾

(五) 対義語・類義語 (20) 2×10

1	2	3	4	5	6	7	8	9	10
慶祝	罵倒	貧窮	衰微	委細	貢献	平癒	豪傑	累計	邸宅

(七) 誤字訂正 (10) 2×5

	1	2	3	4	5
誤	障	要	排	英	謄
正	衝	擁	廃	鋭	騰

(八) 漢字と送りがな (10) 2×5

1	2	3
懲りる	膨らむ	疎ましい

6	7	8	9	10	11	12	13	14	15	16	17
包括	抗菌	真偽	捻出	弁償	懐柔	粉砕	煩	鼻面	故	醸	但

19	20	21	22	23	24	25	26	27	28	29	30
とうろう	じゅうてん	いつく	しいた	かまくび	はさ	たわむ	ひぶた	うぶゆ	せ	おびや	かぐら

(三) 熟語の構成 (20)

1	2	3	4	5	6	7	8	9	10
ア	イ	オ	エ	イ	エ	エ	ウ	ウ	ア

2×10

問2 意味

11	12	13	14	15
エ	オ	イ	ウ	ク

2×5

(六) 同音・同訓異字 (20)

1	2	3	4	5	6	7	8	9	10
鋼鉄	更迭	拘束	梗塞	船舶	浅薄	謹製	禁制	拭	吹

2×10

4	5
鍛えれ	偏っ

(九) 書き取り (50)

1	2	3	4	5
愚直	寡聞	呈	王妃	脱臼

2×25

18	19	20	21	22	23	24	25
伴	兆	膝	腫	窓際	盆	翻	継

学習日 月 日

/200

(一) 読み (30) 1×30

1	2	3	4	5	6	7	8	9
ぐんじょう	ひっか	しせい	ふつぎょう	けんじゅう	よう	きょうしょう	ろうじょう	きゅうぼう

10	11	12	13	14	15	16	17	18
いんせき	せんもう	きそん	じっせん	ちょうめい	ふそん	こうどく	なんきん	こうばく

(二) 部首 (10) 1×10

1	2	3	4	5	6	7	8	9	10
衣	竜	罒	犬	丨	儿	虍	髟	音	廾

(四) 四字熟語 (30)

問1 書き取り 2×10

1	2	3	4	5	6	7	8	9	10
遅遅 遅々	乱麻	玉食	万丈	盛衰	破邪	後生	妖怪	厚顔	懇切

(五) 対義語・類義語 (20) 2×10

1	2	3	4	5	6	7	8	9	10
逸材	侮蔑	撤退	喪失	追随	富豪	厳粛	脈絡	機嫌	捻出

(七) 誤字訂正 (10) 2×5

	1	2	3	4	5
誤	了	奔	策	超	差
正	僚	翻	索	徴	査

(八) 漢字と送りがな (10) 2×5

1	2	3
廃れ	奉ら	促し

6	7	8	9	10	11	12	13	14	15	16	17
腫瘍	殉死	渓流	防疫	急騰	一斉	盆栽	臼	惨	畝	火照	居候

30	29	28	27	26	25	24	23	22	21	20	19
う	おこ	としは	ひとがき	うぶぎ	どろなわ	ひざがしら	ほころ	うと	たづな	しつぼく	おかん

㈢ 熟語の構成 (20) 2×10

10	9	8	7	6	5	4	3	2	1
ア	ウ	オ	エ	イ	イ	ア	エ	ア	ウ

問2 意味 2×5

15	14	13	12	11
エ	イ	ケ	カ	ウ

㈥ 同音・同訓異字 (20) 2×10

10	9	8	7	6	5	4	3	2	1
履	掃	告示	酷似	捕捉	補足	壮烈	葬列	甘言	還元

5	4
朽ちる	麗しい

㈨ 書き取り (50) 2×25

5	4	3	2	1
老若	叱責	兵糧	水筒	遭難

25	24	23	22	21	20	19	18
銘	蛍雪	雄弁	基	賄	哀	卸	脇見

学習日　月　日

/200

(一) 読み (30) 1×30

1	2	3	4	5	6	7	8	9	10	11	12	13	14	15	16	17	18
きょうほん	ついかんばん	そうごん	ちょっかつ	しょうじゅつ	こうじん	ねんぐ	ふじょ	ががい	かこん	こうがい	ざいごう	ひんど	ほそく	けんお	ゆし	そうしつ	まんべん

(二) 部首 (10) 1×10

1	2	3	4	5	6	7	8	9	10
羊	寸	氺	旡	缶	山	木	火	口	止

(四) 四字熟語 問1 書き取り (30) 2×10

1	2	3	4	5	6	7	8	9	10
暮改	堅固	冷諦	衝天	墨客	緩急	無為	一目	汗牛	歌舞

(五) 対義語・類義語 (20) 2×10

1	2	3	4	5	6	7	8	9	10
妥結	新鋭	虐待	挫折	俊敏	逐次	酌量	慶賀	午睡	完璧

(七) 誤字訂正 (10) 2×5

	1	2	3	4	5
誤	培	煩	過	根	収
正	媒	繁	可	痕	酬

(八) 漢字と送りがな (10) 2×5

1	2	3
褒める	募っ	疎い

6	7	8	9	10	11	12	13	14	15	16	17
主賓	洞窟	勧奨	郷愁	打撲	異臭	発祥	鎌	憂	縫	償	且

19	20	21	22	23	24	25	26	27	28	29	30
しはい	ゆうたいるい	おとしい	つ	つやけ	ほうむ	なら	たまわ	かたひじ	またた	いな	なまつば

㈢ 熟語の構成 ⒇

1	2	3	4	5	6	7	8	9	10
ウ	イ	オ	ア	エ	イ	エ	ウ	ア	ウ

2 ×10

問2 意味

11	12	13	14	15
キ	イ	エ	ケ	カ

2 × 5

㈥ 同音・同訓異字 ⒇

1	2	3	4	5	6	7	8	9	10
一括	一喝	渋滞	縦隊	旋律	戦慄	冒頭	暴騰	鶴	弦

2 ×10

4	5
漏らさ	老ける

㈨ 書き取り (50)

1	2	3	4	5
疾病	左遷	肥沃	焦点	卓抜

2 ×25

18	19	20	21	22	23	24	25
掘	妬	仰	繭	欲	机上	黒白	剣

学習日
月　日
／200

(一) 読み (30) 1×30

1	2	3	4	5	6	7	8	9	10	11	12	13	14	15	16	17	18
せいそう	てっけん	ゆいび	ごんげ	こうはん	せったく	じょうじゅ	ほうきゅう	さいやく	ぞうげ	しょうかん	ふくいん	むざん	さんろう	やっき	けいべつ	はぎょう	えとく

(二) 部首 (10) 1×10

1	2	3	4	5	6	7	8	9	10
衣	片	虍	斤	目	止	自	宀	又	赤

(四) 四字熟語 (30) 2×10

問1 書き取り

1	2	3	4	5	6	7	8	9	10
辛苦	玉条	秀麗	滅却	五裂	論功	孤城	報怨	和魂	理路

(五) 対義語・類義語 (20) 2×10

1	2	3	4	5	6	7	8	9	10
簡潔	緻密	貫徹	献上	恭順	通暁	枢軸	黙認	潤沢	変遷

(七) 誤字訂正 (10) 2×5

	1	2	3	4	5
誤	細	保	感	誘	獲
正	彩	捕	患	融	穫

(八) 漢字と送りがな (10) 2×5

1	2	3
擦れる	忍ん	諭し

6	7	8	9	10	11	12	13	14	15	16	17
抹茶	急務	機嫌	至当	多寡	余剰	艦隊	由	網棚	拭	初初 / 初々	彫

19	20	21	22	23	24	25	26	27	28	29	30
そろう	せんか	なんど	いしずえ	ののし	かたわ	おもも	は	おそ	はぐく	いきどお	にせ

(三) 熟語の構成 (20)

1	2	3	4	5	6	7	8	9	10
ウ	ア	エ	オ	ウ	イ	エ	イ	エ	ア

2×10

問2 意味

11	12	13	14	15
ア	エ	ク	オ	イ

2×5

(六) 同音・同訓異字 (20)

1	2	3	4	5	6	7	8	9	10
官邸	鑑定	悔恨	開墾	弔慰	潮位	交渉	高尚	喪	藻

2×10

4	5
虐げ	巧みな

(九) 書き取り (50)

1	2	3	4	5
血痕	偵察	把握	双璧	厳粛

2×25

18	19	20	21	22	23	24	25
戯	棟上	更	傘	凝	駒	万事	潟

学習日　月　日

/200

(一) 読み (30) 1×30

1	2	3	4	5	6	7	8	9	10	11	12	13	14	15	16	17	18
れいびょう	かっぷく	じゅんち	ほうけい	せいてつ	かんそう	あとぶつ	じょうは	ほてい ほてつ	えいじょう	しずい	しゅんげん	わくもん	れいせい	とうしゅく	きんけい	ゆうたん	じゅし

(二) 表外の読み (10) 1×10

1	2	3	4	5	6	7	8	9	10
おか	かな	あらわ	たの	うた	ころ	ひら	ゆめ	おもんぱか	ととの

(三) 熟語の読み・一字訓の読み (10) 1×10

ア		イ	
1	2	3	4
かんちょく	つよ	きょうよく	たす

合格者平均得点 8.0/10

(五) 書き取り (40) 2×20

1	2	3	4	5	6	7	8	9	10	11	12
醍醐味	身悶	掻	攪乱	杜撰	恩寵	厭世	倦	片鱗	馬鈴薯	僻	朋輩 傍輩

(六) 誤字訂正 (10) 2×5

	1	2	3	4	5
誤	彩	倒	旺	恋	歎
正	細	蕩	横（汪）	憐	耽（酖）

合格者平均得点 8.8/10

(七) 四字熟語 問1 書き取り (30) 2×10

1	2	3
欣喜	天佑 天祐	勤倹

(八) 対義語・類義語 (20) 2×10

1	2	3	4	5	6	7	8	9	10
聡慧	冒瀆	敏捷	蕪雑	弥縫	消長	碩学	知悉	起居	俄然

合格者平均得点 16.8/20

(十) 文章題 (20)

書き取り 2×5

1	2	3	4	5
窪地 凹地	茅葺 萱葺	滑稽	狼狽	架

合格者平均得点 9.4/10

読み 1×10

ア	イ	ウ	エ	オ	カ
ぎか	よろい	し	か	すうよう	しか しこう

19	20	21	22	23	24	25	26	27	28	29	30
きぼう	きしん	すぎ	はなし	すべ	しばら	わらび	あらたか	はなわ	いずく	まこと	ついば

合格者平均得点 26.9／30

ウ		エ		オ	
5	6	7	8	9	10
そうし	はや	かてい	さいわ	てんめん	まつ

合格者平均得点 8.8／10

(四) 共通の漢字 (10) 2×5

1	2	3	4	5
愁	数	幽	端	揚

合格者平均得点 4.1／10

13	14	15	16	17	18	19	20
埴生	輪廻	惹起	妖艶	手鞠(毬)	等閑	投函	盗汗

合格者平均得点 34.2／40

4	5	6	7	8	9	10
猪突	規矩	逐鹿	漣如	豹変	迅速	蒼然

合格者平均得点 18.3／20

問2 意味と読み 2×5

1	2	3	4	5
かんとう	ぼくせつ	びんが	ふんきん	じょうこ

合格者平均得点 8.8／10

(九) 故事・諺 (20) 2×10

1	2	3	4	5	6	7	8	9	10
騎虎	庇	喧嘩(諠譁)	反哺	一粟	鼎	蕎麦	松柏	洩漏	鴻鵠

合格者平均得点 15.0／20

キ	ク	ケ	コ
あらわ	もと	かつ	けだ

合格者平均得点 8.8／10

学習日	得　点
月　　日	／200
月　　日	／200
月　　日	／200

これだけの人が「漢検」を受検しました！

（2021年2月1日現在）

	2020年度第1回				2020年度第2回			
	志願者数	受検者数	合格者数	合格率	志願者数	受検者数	合格者数	合格率
1級	0	0	0	0.0%	891	791	86	10.9%
準1級	0	0	0	0.0%	5,408	4,807	943	19.6%
2級	17,851	16,954	4,348	25.6%	48,133	45,528	12,415	27.3%
準2級	36,286	34,572	13,855	40.1%	97,722	94,795	36,854	38.9%
3級	54,778	52,211	25,453	48.8%	184,630	179,308	89,674	50.0%
4級	25,615	24,530	12,248	49.9%	95,771	92,955	51,963	55.9%
5級	20,861	19,947	14,053	70.5%	64,663	62,459	46,307	74.1%
6級	6,285	6,086	4,577	75.2%	31,122	30,164	24,230	80.3%
7級	5,093	4,919	4,099	83.3%	30,603	29,553	25,632	86.7%
8級	4,075	3,933	3,034	77.1%	29,033	27,763	23,581	84.9%
9級	3,199	3,139	2,745	87.4%	24,650	23,561	21,630	91.8%
10級	2,437	2,320	2,208	95.2%	18,895	17,726	16,890	95.3%
計	176,480	168,611	86,620		631,521	609,410	350,205	

※2020年度第1回の1・準1級は、開催を中止したためデータはございません。

年齢別にみると

2020年度第2回　1～10級志願者全体の年齢層別割合

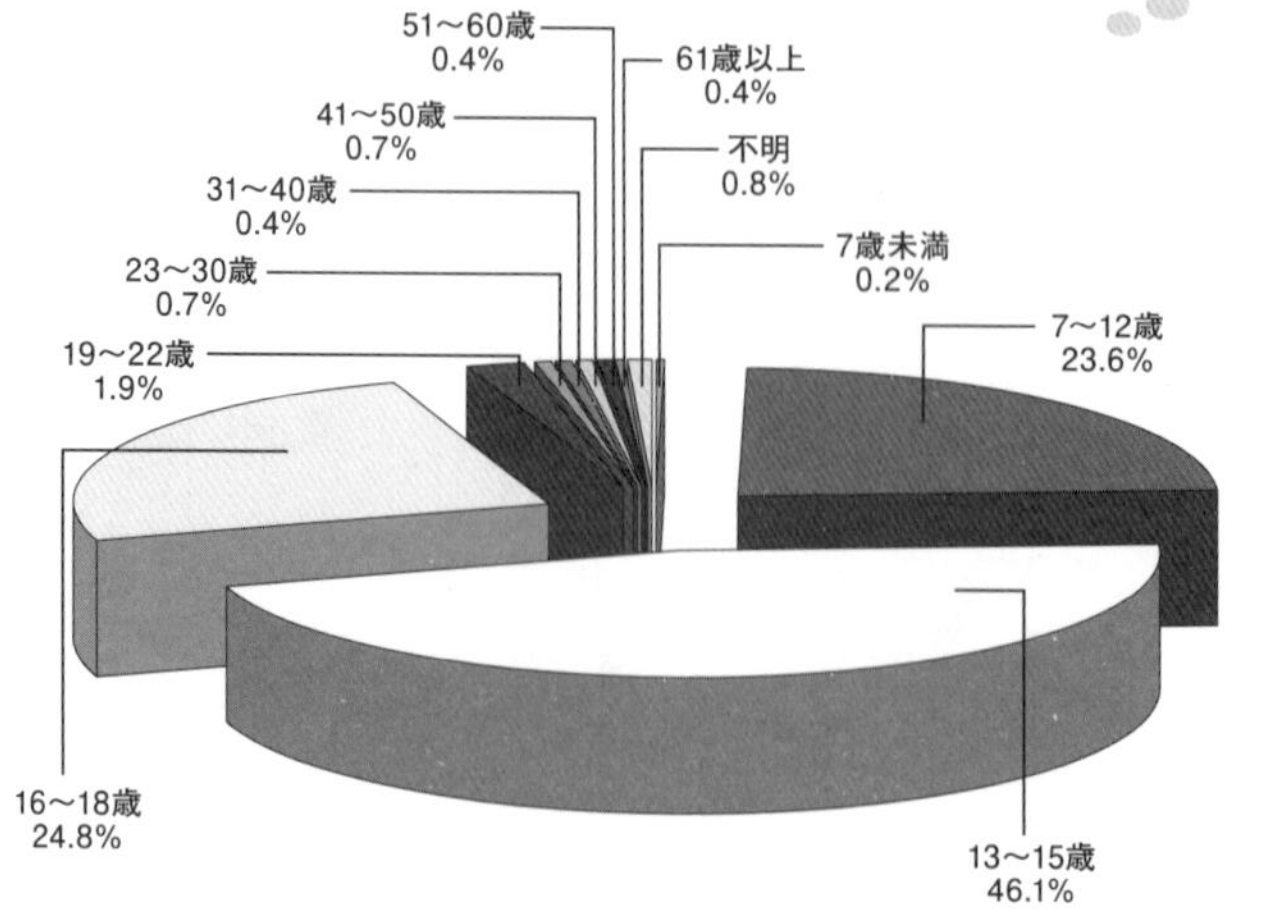

志願者　631,521人

2020年度第2回　2級志願者の年齢層別割合

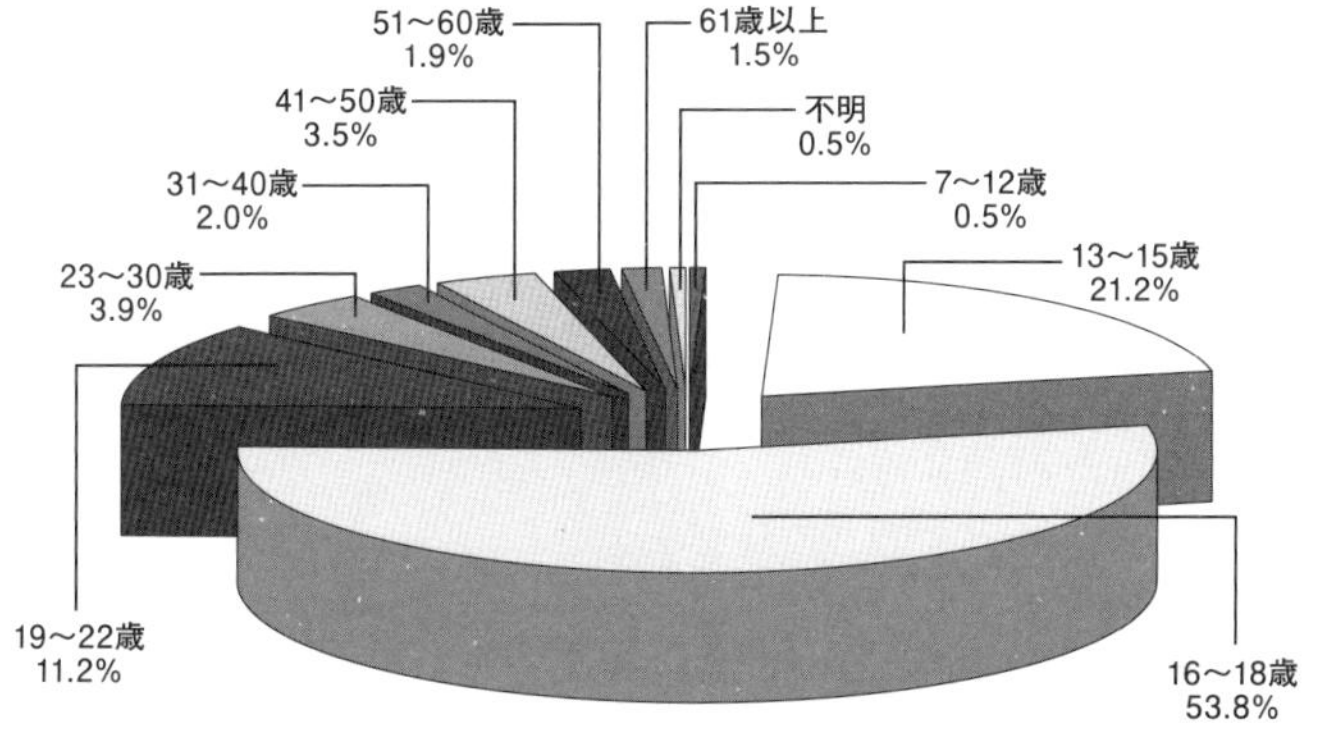

志願者　48,133人

2級では

正答率は？

2020年度第2回（試験問題**5**）
2級の設問項目別正答率

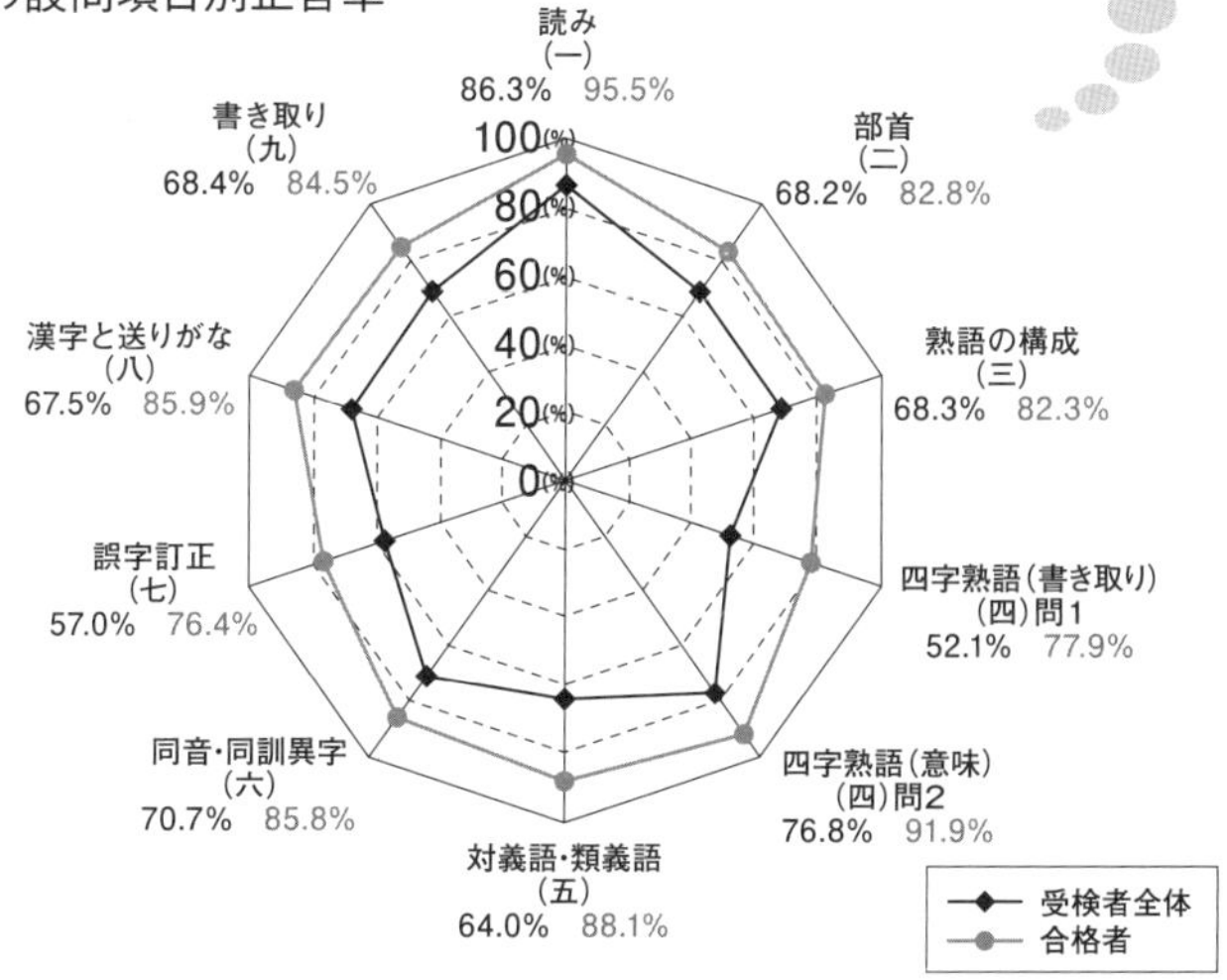

(一)読み、(二)部首などの設問項目名は、標準解答のものと対応しています。
左の数値(○%)：受検者全体の正答率　右の数値(○%)：合格者の正答率

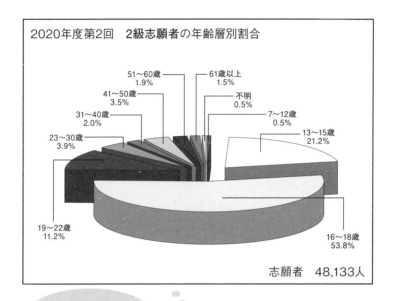